A Giovanni Fasola †

Wolfgang Reumuth

Übungsbuch zur italienischen Grammatik

3. Auflage

gottfried egert verlag
2005

Übungsbuch zur italienischen Grammatik

von
Oberstudienrat Wolfgang Reumuth, Liselotte-Gymnasium Mannheim

Bibliografische Information Der Deutschen Bibliothek
Die Deutsche Bibliothek verzeichnet diese Publikation in der Deutschen Nationalbibliografie; detaillierte bibliografische Daten sind im Internet über <http://dnb.ddb.de> abrufbar.

ISBN 3-936496-58-7

www.egertverlag.de
Gedruckt mit Ökofarben und 50% Altpapier chlorfrei gebleicht.

Herstellung: WM-Druck, Wiesloch
Printed in Germany

Vorwort

Das vorliegende *Übungsbuch zur italienischen Grammatik*, das im Unterricht erprobt wurde, bietet fortgeschrittenen Lernenden, insbesondere Schülern und Schülerinnen der gymnasialen Oberstufe sowie Studierenden zahlreiche Übungen zu allen relevanten Kapiteln der italienischen Grammatik.

Neben Einsetz-, Substitutions- und Transformationsübungen nehmen deutsch-italienische Übersetzungsübungen, von deren Nützlichkeit der Verfasser fest überzeugt ist, einen breiten Raum ein. Bei Übersetzungen in die Fremdsprache können sich die Lernenden nämlich nicht nur auf eine einzige grammatische Schwierigkeit konzentrieren, sondern sie müssen mehrere Phänomene berücksichtigen.

Diejenigen Übungen, die mit einem bzw. zwei Sternchen gekennzeichnet sind, weisen einen höheren Schwierigkeitsgrad auf.

Die zu Beginn eines jeden Kapitels angegebenen Paragraphen beziehen sich auf die im selben Verlag erschienene *Praktische Grammatik der italienischen Sprache* (6. Aufl., Neubearbeitung) von Wolfgang Reumuth und Otto Winkelmann.

Die dritte Auflage dieses Übungsbuches ist um ca. 30 Seiten erweitert worden. Neu aufgenommen wurde ein Kapitel *Caccia all'errore*, eine Sammlung fehlerhafter Einzelsätze, die den Blick der Lernenden schärfen sollen, Fehler zu entdecken, die besonders deutschsprachigen Lernenden unterlaufen. Für das Selbststudium steht ein Schlüssel zur Verfügung, der gesondert erhältlich ist.

Für die Durchsicht des Werkes danke ich Frau Petra Klötzner (Cordenons), Frau Maria Grazia Pirera (Pordenone) sowie Prof. Dr. Otto Winkelmann (Gießen).

Mannheim, im Juni 2005 — Wolfgang Reumuth

Indice

Capitolo 1 Il nome (§§ 15-31)

1. Mettere al plurale i nomi tra parentesi:

1. A che ora aprono i ☐ (negozio)?
2. Non sono ancora risolti tutti i ☐ (problema).
3. Hai già stirato tutte le ☐ (camicia)?
4. Mi piacciono molto le tagliatelle coi ☐ (fungo).
5. Sono buone quelle ☐ (pesca)?
6. I ☐ (teatro) e i ☐ (tempio) greci sono ciò che si ricorda di più dopo un viaggio in Sicilia.
7. Come stanno i tuoi ☐ (amico)?
8. Ci sono ☐ (studente) di tutto il mondo.
9. Lavati le ☐ (mano)!
10. Mancano due ☐ (catalogo).
11. Le ☐ (ciliegia) sono ormai mature.
12. Mi fanno male le ☐ (braccio).
13. I ☐ (mosaico) rappresentano ☐ (scena) mitologiche.
14. Questa regione è composta da due ☐ (provincia).
15. I suoi ☐ (film) mi piacciono molto.
16. La polizia sta ricercando due ☐ (assassino) che si sono resi colpevoli di tre ☐ (omicidio).
17. Molti ☐ (turista) si comportano male.
18. Conosci i ☐ (nome) dei sette ☐ (re) di Roma?
19. Le ☐ (spiaggia) sono affollatissime.
20. Queste ☐ (valigia) sono molto pesanti.
21. Quante volte ti devo dire che non si mettono le ☐ (dito) nel naso?
22. Mancano tre ☐ (lenzuolo).
23. Questi ☐ (test) sono molto difficili.
24. Le ☐ (condizione) di vita sono dure.
25. Ieri mi sono comprato due ☐ (paio) di ☐ (scarpa).
26. Dove sono le vostre ☐ (moglie)?
27. Questa lettera pesa venti ☐ (grammo).
28. Con quante ☐ (regione) confina la Basilicata?
29. Chi dorme, non piglia ☐ (pesce).
30. Domani devo cambiare le ☐ (lenzuolo).
31. Gli ☐ (albero) sono carichi di ☐ (frutto).
32. Abbiamo comprato un candelabro a cinque ☐ (braccio).
33. Mi fai vedere le ☐ (foto)?

34. Una guerra combattuta con □ (arma) atomiche potrebbe distruggere l'intero pianeta.
35. Giove e Marte sono □ (dio) romani.
36. Nel mio paese ci sono due □ (cinema).
37. Gli □ (uccello) hanno due □ (ala).
38. Ho bisogno di tre □ (pigiama).
39. Gli □ (uomo) sono fatti così.
40. Queste sono tutte □ (specie) in via di estinzione.
41. Negli stadi, la tensione emotiva si manifesta in □ (urlo), □ (grido) di gioia, e □ (imprecazione) rivolte alla squadra del cuore o contro gli avversari.
42. Mi serve una dozzina di □ (uovo).
43. Moglie e □ (bue) dei paesi tuoi.
44. I □ (Mancuso) sono partiti in vacanza.
45. Archimede è uno dei maggiori □ (matematico) dell'antichità.
46. Gli □ (astronauta) sono riusciti a riparare il danno.
47. Tutti i □ (valico) sono chiusi.
48. Sono già arrivati gli □ (zio)?
49. Conosci alcuni □ (proverbio) italiani?

2. Mettere al plurale i seguenti nomi composti:

1. Queste □ (banconota) sono false.
2. Tutte le □ (portafinestra) danno sul giardino.
3. Quanto costano i □ (pomodoro)?
4. Che belle, queste □ (terracotta)!
5. Dove hai messo gli □ (asciugamano)?
6. Questi sono □ (capolavoro) del Rinascimento.
7. Mi servono due □ (francobollo) da cinquantacinque centesimi.
8. Ho visto due □ (pescecane).
9. I □ (fine settimana) li passo quasi sempre a casa.
10. Qual è l'opinione degli altri □ (paese membro)?
11. Quali sono le □ (idea chiave) di questo brano?
12. I □ (vagone ristorante) vanno modernizzati.
13. Tutte le □ (cassaforte) erano state forzate.
14. Cento □ (senzatetto) hanno trovato ricovero nella palestra della nostra scuola.
15. Palcoscenico fa al plurale «□.»
16. Dove hai messo i □ (portacenere)?

3. Mettere al plurale:

1. Dove hai trovato questo libro?
2. Hai già letto questo giornale?
3. Ti piace quella casa?
4. Il mio amico arriva domani.
5. Il telegramma non è ancora arrivato.
6. Il mio collega è molto giovane.
7. La camicia è gia lavata.
8. Questa cliente non tornerà più.
9. Il turista è contento dell'albergo.
10. Lo studente belga parte domani.
11. Mi fa male il dito.
12. Realizzerò il mio desiderio.
13. Quest'uovo non è fresco.
14. Il catalogo non è ancora stampato.
15. Non è colpa del giornalista.
16. Questo è il frutto del mio lavoro.
17. Mi piace molto questo tempio greco.
18. Questo sentimento prende ogni anziano quando non si sente più indispensabile agli altri.
19. Ho trovato un pezzo di legno mezzo bruciacchiato.
20. Questo carcere fu costruito cinquant'anni fa.
21. Il pastore conduce il gregge al pascolo.
22. Ti piace questo pigiama?
23. Il nemico si è arreso.
24. È scappato il bue.
25. Questo paese ha attraversato una grave crisi economica.
26. Chi è il protagonista del racconto?
27. Questa legge è ingiusta.
28. Come si chiama il capoluogo di questa provincia?
29. Qual è il tema preferito da questo scrittore?
30. Dov'è l'altro volume?
31. L'uomo è crudele.
32. Lo stipendio è abbastanza scarso.
33. Questo è un principio che non posso accettare.
34. Dov'è l'osso per il cane?
35. Questo problema è difficile da risolvere.
36. Mi presenti la tua collega?

4. Mettere al singolare:

1. Questi templi greci risalgono al quinto secolo a.C.
2. Quali sono i tuoi desideri?
3. Queste sono le camere degli ospiti belgi.
4. A quali classi sociali appartengono i protagonisti della novella?
5. Mi fanno male le braccia.
6. Di chi sono queste greggi?
7. I miei fratelli sono comunisti.
8. Le spiagge sono deserte.
9. I colleghi tedeschi sono già arrivati.
10. Hai sentito le grida?
11. Ho superato gli esami.
12. Le carceri sono sovraffollate.
13. Gli ingegneri svedesi sono riusciti a risolvere i problemi.
14. Chi è stato a rompere le uova?

5. Completare:

1. Che tagli☐ porti? - ☐ 42.
2. È un☐ tagli☐ che non mi piace.
3. C'erano sei cer☐ acces☐ ai quattro capi e a metà del letto.
4. Tutta la stanza sapeva di cer☐ consumat☐ e di fiori (Pratolini).
5. Mio fratello è scapol☐.
6. Mi sono rotto un☐ scapol☐.
7. ☐ balen☐ è un mammifero.
8. Sono pronto in un☐ balen☐.
9. Mario ha consegnato ☐ fogli☐ in bianco.
10. ☐ fogli☐ cadono in autunno.
11. Di chi è ☐ colp☐?
12. Gli ha dato ☐ colp☐ sulla testa.
13. Fra poco si libera ☐ tavol☐.
14. Apparecchiate ☐ tavol☐!
15. Mi sono comprata un vestito senza manic☐.
16. È rott☐ ☐ manic☐ della scopa.
17. A teatro ho trovato un posto in prim☐ fil☐.
18. La sua vita era appesa a ☐ fil☐.
19. Devo andare in banc☐.
20. Non sporcate ☐ banch☐ con i pennarelli!

6. Sostituire le forme maschili con le femminili:

1. Questo studente è della Calabria.
2. Mio nipote è molto bravo a scuola.
3. Mio genero è infermiere.
4. Il preside del nostro liceo si chiama Pirera.
5. Come si chiama il tuo professore d'italiano?
6. Mi sono rivolto a un vigile.
7. Un pedone è stato investito da un camion.
8. Suo fratello è ancora celibe.
9. Si mise in ginocchio davanti al Re.
10. Entra il principe.
11. Come si chiama il custode del palazzo?
12. Il deputato è morto da eroe.
13. Mio marito è medico all'ospedale Santo Spirito.
14. Il cavallo si è fatto male a uno zoccolo.
15. Abbiamo venduto il bue.
16. Mi hanno rubato un gallo.

7. Tradurre:

1. Für meinen Geschmack ist es zu süß.
2. Die Arbeitskräfte sind nicht ausreichend.
3. Alles hat seine Grenzen.
4. Der Außenminister hat seinen Rücktritt eingereicht.
5. Ein Unglück kommt selten allein.
6. Ich schlafe bei offenem Fenster.
7. Diese Schäden werden von dem sauren Regen verursacht.
8. Ich lasse mir einen Schnurrbart wachsen.
9. Wo ist meine Brille?
10. Wo ist die Schere hingekommen?
11. Nicht alle Kinder essen gerne Spinat.
12. Mein Onkel wohnt in der Umgebung von Neapel.
13. Es waren viele Leute da.
14. Deine Haare sind voller Schuppen.
15. Ich mag lieber helle Trauben.
16. Meine Tochter hat (die) Windpocken.
17. Sie wollten wenigstens den Schein wahren.
18. Seid ihr auch zur Hochzeit eingeladen?
19. Die Olympiade findet alle vier Jahre statt.

20. Wir leben in einer Konsumgesellschaft.
21. Geschäft ist Geschäft.
22. Im 13. und 14. Jahrhundert gab es eine Krise des Papsttums.
23. Unser Sohn stellt uns immer vor vollendete Tatsachen.
24. Das war die Lage zu Beginn des 20. Jahrhunderts.
25. Zu unserer Zeit war das noch nicht möglich.
26. Meine Regel ist ausgeblieben.
27. Seit drei Jahren habe ich Rheuma.
28. Er entfernte sich, um seine Notdurft zu verrichten.
29. Die Fernsehgebühren sind um 20% gestiegen.
30. Meine Schwiegermutter leidet zeitweise unter Schwindel.
31. In letzter Zeit hat mein Mann an allem etwas auszusetzen.
32. Wir haben Ferien.
33. Wir hoffen, den Konflikt auf diplomatischem Wege lösen zu können.
34. Ich bin auf der Treppe gestolpert.
35. Heute bin ich in keiner guten Verfassung.
36. Hunde, die bellen, beißen nicht.
37. Ich war auf der Beerdigung meines ehemaligen Lateinlehrers.
38. Auf dem Balkan hat es zwei Kriege gegeben.
39. Warum hast du das Studium abgebrochen?
40. Der Proviant ist aufgebraucht.
41. Nächste Woche müssen wir Überstunden machen.
42. Hast du Kleingeld?
43. Wegen einer Baustelle war die Straße gesperrt.
44. Isst du gerne Nudeln?
45. Ich wurde auf dem Zebrastreifen angefahren.
46. Wo hatten sie das Rauschgift versteckt?
47. Diese Hose ist zu weit.
48. Die Feuerwehr war in fünf Minuten da.
49. Ich habe zwei Kilo Pfirsiche gekauft.
50. Ich nehme 200 g gekochten Schinken.
51. Hat ihr Sohn schon Mumps gehabt?
52. Mein Sohn liegt mit Masern im Bett.
53. Wann nimmst du Urlaub?
54. Mein Zahnfleisch ist entzündet.
55. Bist du Widder? - Nein, ich bin Fisch.
56. Kannst du Schach spielen?

Capitolo 2 L'articolo (§§ 32-46)

8. Mettere l'articolo determinativo/la preposizione articolata:

1. ☐ farmacia si trova di fronte ☐ (a) supermercato.
2. ☐ zoo è vicino ☐ (a) stazione.
3. ☐ stazioni di Roma e di Milano sono grandi.
4. Dov'è ☐ orologio?
5. ☐ proprietario ☐ (di) albergo è molto gentile.
6. ☐ frasi ☐ (di) esercizi sono difficili.
7. ☐ esercizio è troppo difficile.
8. Non capisco ☐ ultima frase.
9. Che cosa avete fatto durante ☐ lezione d'italiano?
10. ☐ studenti sono ☐ (a) bar.
11. Metto ☐ fiori ☐ (in) vaso.
12. Sono finite ☐ sigarette?
13. Ho fatto un lungo viaggio per ☐ Europa.
14. Perché impara ☐ italiano?
15. Di dove sono ☐ amiche di Silvana?
16. ☐ amici di Mario sono bravi a scuola.
17. Dove sono ☐ valige?
18. ☐ treno parte ☐ (da) terzo binario.
19. Ho interesse per ☐ arte italiana.
20. ☐ ascensore non funziona.
21. Hai già corretto ☐ sbagli?
22. Dove siete andati ☐ estate scorsa?
23. Non voglio uscire con ☐ altri.
24. Vado ogni domenica ☐ (a) stadio.
25. Ti piacciono ☐ spaghetti?
26. Dove sono ☐ chiavi ☐ (di) macchina?
27. Non so ancora ☐ ora ☐ (di) partenza.
28. Francesco insegna ☐ (a) gente che in tutto c'è ☐ amore di Dio: ☐ (in) santi come ☐ (in) assassini, ☐ (in) agnello come ☐ (in) lupo, ☐ (in) vita come ☐ (in) morte.
29. Il Piemonte è chiuso da montagne su tre lati: a sud ☐ (da) Appennino ligure, a ovest e a nord ☐ (da) Alpi, che lo separano ☐ (da) Francia e ☐ (da) Svizzera.
30. Ho messo ☐ uova ☐ (in) frigorifero.
31. A che ora comincia ☐ spettacolo?

32. ☐ gnocchi sono ottimi.
33. Frequento ☐ università a Padova.
34. Germana ha ☐ occhi celesti.
35. Oggi è ☐ otto maggio.
36. ☐ Stato italiano è in crisi.
37. Mi fanno male ☐ braccia.
38. Guardati ☐ (a) specchio.
39. Abbiamo viaggiato con ☐ stesso treno.
40. Non calpestare ☐ aiuole.
41. C'è ☐ sole e ☐ neve si sta sciogliendo.
42. ☐ cronache ☐ (di) anni più recenti hanno destinato uno spazio sempre più ampio ☐ (a) problema ☐ (di) immigrazione.
43. Due mari bagnano ☐ cortissime coste ☐ (di) Basilicata: a est ☐ Ionio, a ovest ☐ Tirreno.
44. ☐ spirito mafioso ha ☐ sue radici ☐ (in) mancanza di fiducia ☐ (in) Stato da parte ☐ (di) popolazioni meridionali.
45. Oggi devo fare ☐ (straordinario).
46. Dove hai messo ☐ zaino?
47. Come avete passato ☐ fine settimana?
48. ☐ smaltimento ☐ (di) rifiuti è uno ☐ (di) problemi più spinosi.
49. ☐ occhi sono ☐ specchio ☐ (di) anima.
50. Mi fa ☐ sconto?

9. Mettere l'articolo indeterminativo:

1. Angela ha ☐ bella voce.
2. È ☐ strano bambino.
3. Viviamo in ☐ epoca di grande evoluzione sociale.
4. Stasera esco con ☐ amica.
5. Questo è ☐ sistema molto buono.
6. Bisogna consultare ☐ specialista.
7. Ieri abbiamo visitato ☐ zoo.
8. Voglio comprare ☐ auto nuova.
9. Ho ☐ appuntamento con Angelo.
10. Aspetta ☐ momento!
11. È meglio consultare ☐ psicologo.
12. Ho ☐ specchio nella mia borsa.
13. Questa è ☐ ottima idea.
14. Il danno ammonta a ☐ milione.

10. Completare:

1. Hai fatto □ brutta figura.
2. □ concorrenza è □ anima del commercio.
3. Oggi abbiamo mangiato □ pesce.
4. «pag.» è □ abbreviazione di «pagina».
5. Nel Medioevo, l'idea d□ Europa unita era fondata sulla religione cristiana.
6. Ti piacciono □ cani?
7. Detesto □ cani e □ gatti.
8. Ho □ raffreddore.
9. Hai □ febbre?
10. Prendiamo □ caffè?
11. Mia moglie ha □ pollice verde.
12. Mio figlio ha □ fidanzata tedesca.
13. Sono vegetariano, non mangio □ carne.
14. Faccio □ windsurf.
15. □ civiltà latina e □ civiltà longobarda si influenzarono a vicenda.
16. Gli abbiamo fatto □ visita.
17. Bisogna avere □ buon naso.
18. In Italia quasi □ metà dei maschi e □ quarto delle donne sta ancora con mamma alla venerabile età di ventinove anni.
19. Non sempre la donna è in grado di conciliare □ famiglia e □ lavoro.
20. Il progresso industriale determina □ vantaggi e □ problemi al tempo stesso.
21. Avete fatto □ buon viaggio?
22. Al mercato c'è □ bella uva.
23. Mi piace parlare con □ mio figliolo.
24. Hai □ buon occhio.
25. Chi viene da destra ha □ precedenza.
26. Mio nonno fuma □ pipa.
27. Ludovico Ariosto aveva □ barba e □ capelli neri.
28. Ho assistito alla prova generale d□ Otello.
29. Conosco bene □ Spagna.
30. Qual è la capitale d□ Egitto?
31. □ eroina vuol dire abbrutimento, isolamento.
32. Non ho mangiato □ polenta.

11. Completetare con *d'Italia* e *dell'Italia*:

1. L'unità ☐ è stata fatta a spese del Sud.
2. Il territorio ☐ è prevalentemente montuoso e collinare.
3. Roma è la capitale ☐.
4. Le Alpi sono la catena montuosa più elevata ☐.
5. Quante sono le regioni ☐?
6. Le risorse turistiche ☐ sono: la bellezza del paese e i tesori d'arte conservati nelle sue città.
7. Nelle pianure ☐ centrale e meridionale è diffusa la coltivazione degli ortaggi, degli agrumi e dell'ulivo.
8. Lo sviluppo industriale ☐ è avvenuto in gran parte negli ultimi 40 anni.
9. Le condizioni ☐ alla fine della II guera mondiale erano disastrose.
10. Conosci *la storia* ☐ *a fumetti* di Enzo Biagi?
11. La varietà linguistica ☐ è immensa.
12. Il titolo è «Geografia ☐ Italia».

12. Completare con *di/del/della* ecc.:

1. Ho una buona conoscenza ☐ inglese.
2. Dove hai messo la bottiglia ☐ vino?
3. Devo comprare una bombola ☐ gas.
4. Dov'è la bombola ☐ gas?
5. Mi interesso ☐ fisica.
6. L'hanno accusato ☐ furto.
7. Come si chiama il re ☐ Belgio?
8. Qual è la capitale ☐ Austria?
9. Il tasso ☐ disoccupazione va sempre aumentando.
10. L'opera maggiore ☐ Boccaccio è *il Decameron*.
11. Il capolavoro indiscusso ☐ Dante è *La Divina Commedia*.
12. Questi sono i libri ☐ Edda.
13. Questa è la giacca ☐ Lorenzo.
14. Il problema ☐ disoccupazione è difficile da risolvere.
15. *Vedere* è un verbo ☐ percezione.
16. Il Danubio è il secondo fiume ☐ Europa.
17. *Il Nabucco* è un'opera ☐ Verdi.
18. Mi sono messo la borsa ☐ acqua calda sulla pancia.
19. Il nome ☐ Verdi è molto conosciuto.
20. Dove sono le chiavi ☐ casa?

21. Ci conosciamo dai tempi ☐ scuola.
22. Il numero ☐ veicoli che circolano sulle nostre strade continua a crescere.
23. Ci siamo conosciuti nel maggio ☐ 1995.
24. Chi ha scritto *Ricordi* ☐ *scuola*?
25. I costi sono aumentati ☐ 5%.
26. I genitori hanno il dovere di mandare i figli alla scuola ☐ obbligo.
27. Questo dizionario l'ho pagato ☐ tasca mia.
28. Ho smarrito le chiavi ☐ macchina.
29. Oggi ho mangiato più ☐ solito.
30. È necessario che i programmi televisivi vengano etichettati con ☐ asterischi.

13. Tradurre:

1. Ich esse im Restaurant, weil ich nicht gerne koche.
2. Ich habe meine Freunde zum Abendessen eingeladen.
3. Heute werde ich nicht vor 8 Uhr kommen können.
4. Meine Freundin wohnt in der Via Manzoni.
5. Wir haben vierzehn Tage in Norditalien verbracht.
6. Alle Alpenpässe sind geschlossen.
7. Die Eier habe ich in den Kühlschrank getan.
8. Wo sind die Handtücher hingekommen?
9. Ich trinke gerne Bier.
10. Fußball ist mein Lieblingssport.
11. Auch Professoren können irren!
12. Dieses Jahr werden wir nach Portugal/in die Toskana/nach Latium/nach Apulien fahren.
13. Ich brauche die Bücher, die ich dir neulich geliehen habe.
14. Ich erwarte dich um 9 Uhr.
15. Ich bin anderer Meinung.
16. Ich habe Äpfel, Birnen, Aprikosen und Pfirsiche gekauft.
17. Mein Mann arbeitet bei Fiat.
18. Rom ist die Hauptstadt Italiens.
19. Das Aostatal ist die kleinste Region Italiens.
20. Die Region Trentino-Alto Adige ist die ärmste Norditaliens.
21. Triest war während des 18. Jahrhunderts der wichtigste Hafen an der Adria und einer der wichtigsten in Europa.
22. Hast du Fax?

14. Tradurre*:

1. Wir haben ein Fiasko erlebt.
2. Der Minister ist das Opfer einer politischen Intrige.
3. Ich würde gern eine Weltreise machen.
4. Unser Lehrer hat (Sinn für) Humor.
5. Du könntest dir an ihr ein Beispiel nehmen.
6. Ich lasse mir einen Bart wachsen.
7. Ich habe einen leichten Schlaf.
8. Er hat ein gutes/schlechtes Gewissen.
9. Meine Schwester hatte Tränen in den Augen.
10. Hast du nicht gemerkt, dass du bei Rot durchgefahren bist?
11. Man spricht nicht mit vollem Mund!
12. Sie haben einen zu hohen Cholesterinspiegel.
13. Hast du einen (festen) Freund?
14. Ich muss frischen Atem haben.
15. Wir haben Tränen gelacht.
16. Anonymität ist garantiert.
17. Lügen haben kurze Beine.
18. Ich habe Plácido Domingo in der Rolle des Otello gesehen.
19. Ein Teil dieser Funde befinden sich im Heimatmuseum.
20. Die Temperatur fällt unter Null.
21. Einsamkeit und Elend haben diese alte Frau in den Selbstmord getrieben.
22. Ich bin Wassermann, und du? - Ich bin Jungfrau.
23. Einem geschenkten Gaul schaut man nicht ins Maul.
24. Diese Angelegenheit liegt mir sehr am Herzen.
25. Seine Frau hat Brustkrebs.
26. Auch Passivrauchen ist gesundheitsschädigend.
27. Gewalt erzeugt Hass.
28. Hast du einen Führerschein?
29. Man braucht ein Rezept.
30. Ich trage nie einen Unterrock.
31. Seine Freundin hat eine Wespentaille.
32. Mein Sohn liegt mit Fieber im Bett.
33. Ich habe einen Tennisarm.
34. Ich habe es bei Lidl gekauft.
35. Es war 1975.
36. Meine Frau hat einen sechsten Sinn.

37. Ich habe schon zehn Mal Blut gespendet.
38. Heute haben wir hausgemachte Lasagne.
39. Eine Krähe hackt der anderen kein Auge aus.
40. Silvio ist blind von Geburt an.
41. Ich gehe nie mit leerem Magen aus dem Haus.
42. Meine Schwester hat einen grünen Daumen.
43. Ich habe eine Gänsehaut (bekommen).
44. Heute habe ich schwere Beine.
45. Inzwischen haben alle ein Handy.
46. Heute kann man Schwarzbrot auch in Italien kaufen.
47. Ich höre gern Musik.
48. Englisch spricht er gut.
49. Zwei Schüler haben ein leeres Blatt abgegeben.
50. Der Export hat 2% abgenommen.
51. Meine Schwester hat eine schlanke Taille.
52. Es ist zur Gewohnheit geworden.
53. Es wird Sommer.
54. Ab Montag müssen wir Überstunden machen.
55. Mama, ich habe eine Zwei in Latein bekommen.
56. Repressive Maßnahmen nützen nichts.
57. Größere Probleme kamen mit dem 2. Weltkrieg.
58. Erfolge der Vergangenheit zählen nicht mehr.
59. Werbung ist das A und O des Handels.
60. Bei Männern führt übermäßiger Alkoholgenuss sehr oft zu körperlicher Gewalt.

15. Tradurre:

1. nach einem Jahr der Trennung
2. ein Seufzer der Erleichterung
3. die Verben der Wahrnehmung
4. zum Zeichen der Trauer
5. in diesem Augenblick des Übergangs
6. ein Gefühl der Enttäuschung
7. ein Ort der Sammlung und der Ruhe
8. die Zahl der Eheschließungen
9. Es ist eine Frage des Geschmacks.
10. das Problem des Hungers
11. der Beruf des Schriftstellers

Capitolo 3 I dimostrativi (§§ 47-56)

16. Sostituire alle caselle la forma adatta di *questo*:

1. ☐ è una macchina giapponese.
2. È buono ☐ dizionario?
3. ☐ sono studenti tedeschi.
4. ☐ scarpe sono da buttare.
5. ☐ è mia sorella Giovanna.
6. Mi piace ☐ idea.
7. ☐ anno andremo in Grecia.
8. ☐ isole sono bellissime.
9. ☐ istituti verranno chiusi.
10. ☐ qui sono troppo mature.
11. Con ☐ tempo non voglio uscire.
12. Ma che maniere sono ☐?
13. ☐ è casa nostra.
14. ☐ te la sei proprio meritata!
15. ☐ sì è una bella trovata!
16. Ci vedremo una di ☐ sere.

17. Sostituire alle caselle la forma adatta di *quello*:

1. Vedi ☐ castello lì in fondo?
2. Ti piacciono ☐ vestiti?
3. Questi vestiti mi piacciono, ☐ invece no.
4. Di chi sono ☐ valigie?
5. ☐ marrone è mia.
6. Sono tuoi ☐ stivali?
7. ☐ alberghi sono troppo rumorosi.
8. ☐ turisti aspettano il pullman.
9. Preferisci questo pullover qui o ☐ giallo?
10. Di dove sono ☐ studenti?
11. ☐ che chiedi è troppo.
12. Da ☐ momento tutto è andato bene.
13. Quale giacca prende? - Prendo ☐ verde.
14. La prima volta che la vidi con ☐ disgraziato di Mario le dissi: «Guarda che ☐ non fa per te». (A. Moravia)
15. ☐ di oggi non si può paragonare alla situazione di vent'anni fa.
16. Il mio scopo non era ☐ di fargli cambiare idea.

17. Questa tesi è sostenuta dalla Confindustria, □ dai sindacati.
18. Molte donne non riescono a conciliare gli obblighi del lavoro con □ della famiglia.
19. Siamo andati a visitare il Museo preistorico e □ egizio.
20. □ che stiamo vivendo è una crisi grave e sconcertante.
21. Sono in □ giorni.
22. Com'erano belli, □ tempi!
23. Le famiglie contemporanee sono profondamente diverse da □ dei secoli scorsi.

18. Tradurre:

1. Compro sempre lo stesso prodotto.
2. L'ha detto lo stesso papa.
3. Ho fatto gli stessi errori dell'ultima volta.
4. «Incominciare» è lo stesso che «cominciare».
5. Io lo compro lo stesso.
6. Per me è lo stesso.
7. Tuo padre è sempre lo stesso.
8. Io penso lo stesso.
9. I suoi stessi avversari riconoscono che aveva ragione.
10. Verremo da te oggi stesso.
11. Nessuno, e meno di tutti i nazionalisti stessi, erano soddisfatti del trattato di pace.
12. Ho la tua stessa età.
13. Per un uomo è molto difficile capire che per la partner una rosa rossa ha la stessa importanza di un regalo più prezioso.
14. In Italia, l'80 per cento dei giovani tra i quindici e ventinove anni vive sotto uno stesso tetto con i genitori.
15. Anche lui è del mio stesso avviso.

19. Tradurre:

1. Dieses Jahr fahren wir nach Griechenland.
2. Das ist Frau Briamonte.
3. Das sind meine Kinder.
4. Wem gehören diese Hefte?
5. Dieser Bleistift ist stumpf.
6. Wie heißen diese Inseln?
7. Diese Uhr hat 1000 Euro gekostet.

8. Kennst du den Herrn dort?
9. Das sind die Schuhe von Mario.
10. Die Studenten dort sind aus Bologna.
11. Du machst immer die gleichen Fehler.
12. Es ist immer das Gleiche.
13. An jenem Abend war ich todmüde.
14. Mein Auto braucht weniger Benzin als das meines Bruders.
15. Dieser Staubsauger ist besser als der, den wir zu Hause haben.
16. Diese Übersetzung ist schwieriger als diejenigen, die wir bis jetzt gemacht haben.
17. Dieser Pullover gefällt mir nicht so sehr; ich möchte lieber den im Schaufenster.
18. Du hast denselben Fehler gemacht wie das letzte Mal.
19. Ich habe dasselbe gemacht.
20. Das war Annas Vorschlag.

20. Tradurre*:

1. Nicht, dass er mir unsympathisch wäre, das nicht, aber ich finde ihn ein wenig aufdringlich.
2. Was habt ihr in der letzten Woche gemacht?
3. Unsere Freunde haben die gleichen Erfahrungen gemacht wie wir.
4. Die Sache, die uns interessiert, ist folgende: ...
5. Warum macht ihr so ein Gesicht?
6. Wir haben von diesem und jenem geredet.
7. Wie schon der Name sagt, handelt es sich um eine Versicherung.
8. Das hättest du dir ersparen können!
9. In einer Gesellschaft wie der heutigen, in der ...
10. *Das* ist eine Pizza!
11. Du denkst nur an das.
12. Letzterer ist ein historischer Roman, ersterer ein Abenteuer-roman.
13. *Das* hatte ich nicht bestellt.
14. Mein Mann und ich sind gleich alt.
15. Drei Generationen wohnen unter ein und demselben Dach.
16. Selbst die Vertreter der Grünen haben sich für diesen Gesetzentwurf ausgesprochen.
17. Es ist uns gelungen, die Formalitäten an ein und demselben Tag zu erledigen.

Capitolo 4 I possessivi (§§ 57-62)

21. Sostituire alle caselle il possessivo adatto:

1. Come si chiama la ☐ (2. Pers. Pl.) professoressa d'italiano?
2. Il ☐ (1. Pers.) fidanzato è tedesco.
3. I ☐ (1. Pers. Pl.) amici ci vengono spesso a trovare.
4. Sono ☐ (2. Pers. Sing.) quelle scarpe?
5. Quei libri sono ☐ (1. Pers. Sing.).
6. La ☐ (1. Pers. Pl.) insegnante di matematica è molto in gamba.
7. La ☐ (3. Pers. Pl.) è una macchina tedesca.
8. Angela ha perso i ☐ documenti.
9. Fatti i fatti ☐!
10. Mario fa sempre di testa ☐.
11. Maria e Anna preferiscono stare per conto ☐.
12. Ho pagato tutto di tasca ☐.
13. Donatella, ti presento un ☐ collega.
14. È uno che sa sfruttare le situazioni a ☐ vantaggio.
15. Questi sono i ☐ (1.Pers. Sing.) quaderni.
16. Tu difendi il ☐ interesse, io il ☐.
17. Moglie e buoi dei paesi ☐.
18. È ☐ (1. Pers. Pl.) dovere aiutarlo.
19. Gli altoatesini hanno un ☐ partito politico, la Südtiroler Volkspartei, che ha rappresentanti nel Parlamento italiano.
20. Natale con i ☐, Pasqua con chi vuoi.
21. Mi piacerebbe fare qualcosa di ☐.
22. ☐ è, ad esempio, la statua dell'eroe greco Perseo che si ammira nella Loggia dei Lanzi in Piazza della Signoria a Firenze.
23. Tua madre dimostra meno dei ☐ anni.
24. Mario, che cosa hanno detto i ☐?
25. Ognuno tira l'acqua al ☐ mulino.
26. Occupatevi dei fatti ☐.
27. Bisogna conoscere i ☐ diritti.
28. Mi hanno offerto il ☐ aiuto.
29. Ho parlato con gli architetti: le ☐ proposte sono interessanti.
30. I ☐ genitori vi permettono di stare fuori fino a tardi.
31. Angelo non si assume mai le ☐ responsabilità.
32. Ognuno conserva la ☐ casa.
33. Dovresti rispettare anche le ☐ idee, se vuoi che rispettiamo le ☐.

22. Mettere al plurale:

1. Mio figlio è bravo a scuola.
2. Sua figlia non è riuscita a realizzare il suo desiderio.
3. Il vostro vicino è molto gentile.
4. Questa camicia non è mia.
5. È tuo questo fazzoletto?
6. Suo cugino abita a Genova.
7. È tua quella chiave?
8. Il nostro professore è molto esigente.
9. Il loro nipote studia medicina.
10. La loro casa è molto spaziosa.

23. Tradurre:

1. Wie heißt dein Bruder?
2. Unsere Eltern verbringen die Ferien immer in Apulien.
3. Wie ist Ihr Name?
4. Silvia hat ihre Schlüssel verloren.
5. Was würdest du an meiner Stelle tun?
6. Das ist alles deine Schuld.
7. Wo ist dein Bruder Carlo?
8. Mein älterer Bruder ist nach Modena gezogen.
9. Mein Großvater mütterlicherseits war Arzt.
10. Unsere andere Großmutter ist vor zwei Jahren gestorben.
11. Mein Cousin aus Bari ist angekommen.
12. Seine Familie lebt in Umbrien.
13. Wo habt ihr eure Kinder gelassen?
14. Mein erster Mann ist an Krebs gestorben.
15. Ich rauche deine Zigaretten nicht, ich mag lieber meine.
16. Eure Ferien gehen zu Ende, wenn unsere beginnen.
17. Man muss seine Interessen verteidigen.
18. Wenn du meine Freundin sein willst, musst du mir helfen.
19. Autos reparieren, das ist mein Beruf.
20. Meine Aufgabe ist es, die Kunden zu beraten.
21. Meine Sekretärin ist in Urlaub.
22. Riccardo und Luciano sind mit ihren Freunden an den Strand gegangen.
23. Meine Nachbarn laden mich oft zum Abendessen ein.
24. Ihre Väter sind arbeitslos.

24. Tradurre*:

1. Ich habe meine Meinung geändert.
2. Marco hat seinen Meister gemacht.
3. Ich will nicht seine, sondern ihre Meinung hören.
4. Meiner Meinung nach haben sie Recht.
5. Diese Sache hat auch ihr Gutes.
6. Es ist unsere Pflicht, Sie davon in Kenntnis zu setzen.
7. Sie halten ihn für ihren Freund.
8. Seine letzten Jahre hat er im Exil verbracht.
9. Herr Müller ist mein Deutschlehrer.
10. Mach zuerst deinen Mund leer!
11. Alles zu seiner Zeit.
12. Auf die Plätze, fertig, los!
13. Meine andere Großmutter lebt in Bologna.
14. Jeder ist auf seinen Vorteil bedacht.
15. Meine Schuhe kosten doppelt so viel wie deine.

25. Tradurre*:

1. Vor etwa einem Jahr starb ihr einziger Sohn.
2. Gott ist mein Zeuge, dass ich die Wahrheit sage.
3. Seine Tage sind gezählt.
4. Man sah ihre Beine ganz.
5. Dein Kleid schaut unter dem Mantel hervor.
6. Er könnte dein Großvater sein.
7. Mein Zahnfleisch blutet.
8. Tränen traten in ihre Augen.
9. Mein Magen knurrt.
10. Mein Bein ist eingeschlafen.
11. Meine Sehkraft hat nachgelassen.
12. Deine Haare sind voller Schuppen.
13. Meine Nase ist zu.
14. Sport ist sein Leben.
15. Ich genieße mein Leben.
16. Dein Schnurrbart ist zu lang.
17. Seine Muttersprache ist Englisch.
18. Hast du deinen Militärdienst schon abgeleistet?
19. Ihre Muttersprache ist Deutsch.
20. Seine Lippen waren blau vor Kälte.

Capitolo 5 Gli indefiniti (§§ 63-91)

26. Sostituire alle caselle l'indefinito adatto:

1. Sono triste perché non ho ☐ amico.
2. Non ho ☐ soldi.
3. Il mio collega fuma una sigaretta dopo l'☐.
4. ☐ i mei amici sono già partiti in vacanza.
5. Non ho ancora mangiato ☐.
6. Prendi un'☐ tazza di caffè?
7. Sta male perché ieri ha bevuto ☐ vino.
8. Mia figlia ha dei complessi perché ha ☐ seno.
9. Hai bisogno di ☐?
10. Intanto puoi leggere ☐ rivista.
11. ☐ dei miei colleghi sono stranieri.
12. Non ho ☐ fame.
13. Ormai non si può fare più ☐.
14. ☐ domande e ☐ dubbi rimangono ancora senza risposta.
15. C'è ☐ che non capisco.
16. Ha ☐ soldi che non sa cosa farsene.
17. Spero ti fermerai ☐ giorno da noi.
18. ☐ mi aspettavo, tranne una cosa del genere.
19. Qui non c'è ☐ da fare.
20. Non ho ☐ motivo per pensare una cosa del genere.
21. Questo è ☐ per oggi.
22. Se non capisci ☐, puoi chiedere.

27. Sostituire alle caselle l'indefinito adatto*:

1. ☐ fumo e ☐ arrosto.
2. Le precauzioni non sono mai ☐.
3. Te lo dico una volta per ☐.
4. ☐ tira l'acqua al suo mulino
5. La ☐ pioggia ha rovinato le culture.
6. Amo il mio mestiere più di ☐ ☐ cosa.
7. Gli uomini hanno bisogno gli uni degli ☐.
8. Il Piemonte è una regione di confine e, come ☐, è luogo di incontro tra popoli e culture diverse.
9. Le Regioni hanno ☐ una propria assemblea rappresentativa e una giunta regionale.

10. Ci sono quattro auto ☐ dieci abitanti.
11. Per lei farei ☐ cosa.
12. Non ne sapevano un bel ☐.
13. La faccenda è ☐ qui.
14. Sono abituato a ben ☐.
15. Non voglio aver ☐ a che fare con lui.
16. ☐ cose!
17. Roberto ci ha proposto di venire un ☐ giorno.
18. Non è uno ☐.
19. Mi rivolgerò a ☐ ☐.
20. Ci sono ☐ prezzi!
21. ☐ al tuo posto avrebbe agito così.
22. Partirò con ☐ tempo.
23. Alla festa c'erano dieci ragazzi e ☐ ragazze: erano venti in ☐.
24. Partirò ugualmente ☐ cosa accada.
25. Bisogna rispettare l'opinione ☐.
26. Di un ☐ che riesce a entrare in un teatro o a godersi ☐ ☐ spettacolo senza pagare il biglietto d'ingresso, si dice che fa il portoghese.
27. Ho una ☐ emicrania che non riesco a concentrarmi.
28. Alla fine del secolo XIII, quando Dante era ancora solo un giovane poeta fiorentino, uno dei ☐, nella penisola italiana, divisa in ☐ Comuni e Stati, si parlavano ☐ dialetti diversi e nello scrivere si adoperava in genere il latino, usato allo stesso fine un po' in ☐ l'Europa.
29. Mi annoio. Non ho ☐ con cui parlare.
30. Le lingue romanze non sono ☐ che il risultato di un lungo processo di evoluzione e di differenziazione del latino.
31. Ho voglia di ☐ ragazzo con cui uscire.
32. ☐ cose non si dicono.
33. Secondo il racconto della Bibbia, Dio creò il mondo dal ☐.
34. «Imputato, il suo nome e la sua data di nascita.»
    «Ha ☐ memoria, signor presidente; ☐ volta mi fa la stessa domanda.»
35. Nell'Italia del dopoguerra i ☐ stavano male o non erano contenti delle loro condizioni.
36. ☐ della verdura venduta al mercato è trattata chimicamente.
37. Ha telefonato un ☐ Mario.

38. Non c'è ☐ altro, a parte voi due?
39. Te lo dico in ☐ confidenza.
40. Non è ☐ oro quel che riluce.
41. Il fidanzato di Maria è ☐ muscoli e ☐ cervello.
42. Queste sono ☐ parole che fanno parte della stessa famiglia.
43. Vi è un ☐ di misterioso in quell'affare.
44. ☐ era cominciato dalla protesta contro il potere dei professori nelle università.
45. Delle sette torri di difesa è rimasto, fra le ☐, il torrione di accesso.
46. Per le merci che andavano da un posto all'☐ della penisola si era costretti a pagare ☐ tasse di entrata e di uscita ☐ erano gli stati che esse attraversavano.
47. Si è sposato ☐ prima della morte di suo padre.
48. ☐ quanto tempo vai al cinema?
49. Puoi venire a ☐ ora.
50. A un ☐ punto mi sono svegliato.
51. Un tizio di città offriva una ricca mancia a chi gli avesse fatto ritrovare un cane da caccia così e così, smarrito il giorno ☐, nel ☐ posto lungo il fiume. (G. Guareschi)
52. Come si legge: È successo nel 19... ?
53. La scuola deve insegnare a tollerare e rispettare le opinioni politiche e le fedi religiose ☐.
54. ☐ ha detto che l'Italia non è una nazione ma una federazione di famiglie. (L. Barzini)
55. Per ☐ risposta mi ha dato uno schiaffo.

28. Tradurre:

1. Kein Mensch ist völlig schlecht, und keiner ist vollkommen.
2. Alle wussten es.
3. Ich warte noch einige Tage, bevor ich einen Entschluss fasse.
4. Heute habe ich zu viele Zigaretten geraucht.
5. Es ist zu wenig Personal da.
6. Ich habe alles gesehen.
7. Meine Schwester spricht etwas Spanisch.
8. Morgen werde ich etwas mehr Zeit haben.
9. Wir haben alle drei Filme gesehen.
10. Ich kann nicht so viel ausgeben.

11. Hast du alle Fragen beantwortet?
12. Ein gewisser Luigi hat nach dir gefragt.
13. Es gibt mehr Möglichkeiten.
14. Ich danke dir von ganzem Herzen.
15. Wir alle sind damit sehr zufrieden.
16. Alle Straßen sind verstopft.
17. Das sind alles neue Autos.
18. Es waren noch keine zehn Minuten vergangen.
19. Mein Bruder überlässt nichts dem Zufall.
20. Nichts ist passiert.
21. Jede der Schülerinnen wird eine Belohnung bekommen.
22. In ganz Italien wird gestreikt.
23. Das würde zu viele Probleme bereiten.
24. Es ist noch niemand gekommen.
25. Keine Vorspeise!
26. In der ersten Nacht hatte ich nichts Seltsames gehört.
27. Heute haben wir etwas Gutes gegessen.
28. Unsere andere Großmutter ist aus Genua.
29. Es sind nicht genug Stühle da.
30. Hast du Briefmarken? - Nein, ich habe keine.
31. Jeder der Jungen erhielt ein Fahrrad.
32. Jeder von euch bekommt ein Buch.
33. Niemand weiß etwas.
34. Ich habe etwas Fisch gegessen.
35. Ich habe ihn mehrere Male gesehen.
36. Wo sind die beiden?
37. Ich werde einige Wochen in Südamerika bleiben.

29. Tradurre*:

1. Wir hatten nichts unversucht gelassen.
2. Meine Frau müsste jeden Augenblick kommen.
3. Luigi ist nichts für dich.
4. Das geht dich nichts an!
5. Er tut, als ob nichts geschehen wäre.
6. Du hast schon so manche Dummheit gemacht!
7. Gott schuf die Welt aus dem Nichts.
8. Die wenigsten wissen es.
9. Die meisten Deutschen denken so.

10. Du machst alles nur halb.
11. Dieses Mal waren viel mehr Zuschauer da.
12. Das wenige, was er verdient, reicht nicht aus.
13. Mach mir bitte zwei weitere Kopien davon!
14. Die übrige Arbeit erledige ich morgen.
15. Ich habe die meisten Fehler gemacht.
16. Jedem das Seine.
17. Kein Geringerer als Dante hat das gesagt.
18. Welche Krawatte nehmen Sie? - Ich nehme beide.
19. Du hast keinen einzigen Fehler gemacht.
20. Seine Schwester hat ein gewisses Etwas.
21. Zu allem Unglück verlor er seinen Arbeitsplatz.
22. Das ist das ganze Problem.
23. Alles Gute zum Neuen Jahr.
24. Gewisse Leute denken so.
25. Das kann jedem passieren.
26. Beide Söhne studieren Jura.
27. Etwas gefällt mir nicht.
28. Das ist alles seine Schuld.
29. Ich bin alles andere als zufrieden.
30. Brauchst du sonst noch etwas?
31. Es fährt alle zehn Minuten ein Bus.
32. Mein Sohn isst alles, außer Leber.
33. Ich habe so viele Bücher wie du.
34. Dieses Buch bekommst du in jeder Buchhandlung.
35. Wir haben ganze Tage am Strand verbracht.
36. Ich kenne ihn besser als sonst jemand.
37. Jeder würde dir diesen Rat geben.
38. Dieses Jahr waren viel mehr Leute da.
39. Mehrere der Hotels waren schon belegt.
40. Riccardo ist ein vielversprechender Junge.
41. Zu vieles funktioniert nicht.
42. Ganze Dörfer wurden von dem Erdbeben zerstört.
43. Es wurden verschiedene vorrömische Gegenstände gefunden, unter anderem eine Axt und eine kleine Bronzestatue.
44. Diese Männer mussten schwere Strafen erleiden, ohne irgendein Verbrechen begangen zu haben.
45. Sie zeigt viel Bein.

Capitolo 6 Gli interrogativi (§§ 102-112)

30. Sostituire alle caselle l'interrogativo adatto:

1. A ☐ piano abiti?
2. ☐ non rimanete a cena?
3. ☐ ne dici?
4. ☐ ha detto: «Eppure si muove»?
5. Di ☐ colore è la tua macchina?
6. Di ☐ sono queste scarpe?
7. ☐ pagate di affitto?
8. ☐ volte sei stato in Italia?
9. ☐ è che compi gli anni?
10. ☐ avete trascorso le vacanze?
11. ☐ si chiama?
12. ☐ è la Sua professione?
13. ☐ mestiere fai?
14. Di ☐ autori avete parlato?
15. ☐ pesi?
16. ☐ non sei venuto a lezione ieri?
17. Per ☐ parte questo treno?
18. ☐ Le devo?
19. A ☐ pensi?
20. ☐ la pensi tu?

31. Le seguenti frasi sono la risposta a una domanda. Qual è la domanda?

1. Giovanni ha comprato *una bicicletta*.
2. Rosanna ha dato il libro *a Maria.*
3. Mio cugino arriverà *giovedì*.
4. Carolli viene *dalla conferenza di Ciclamino*.
5. Queste scarpe costano *cento euro.*
6. Angelo non è venuto a lezione, *perché sta male.*
7. Questa torre è alta *80 metri*.
8. Roberto va in Italia *ogni cinque mesi.*
9. *Il mio fidanzato* sa il giapponese.
10. Mio fratello ha *quindici anni*.
11. Il Lago di Garda è lungo *52 km.*
12. L'America fu scoperta *da Colombo*.

13. I Rossi hanno trascorso le vacanze *in Grecia*.
14. Mio marito è dimagrito *di cinque chili*.
15. Sua moglie è *di Firenze*.
16. Siamo *in otto*.
17. Luciano ha regalato l'orologio *a suo fratello*.
18. Oggi mia moglie ha speso *duecentocinquanta euro*.
19. Io prendo la cravatta *gialla*.
20. La sua macchina è *rossa*.
21. È sparito il pallone *di mio fratello*.
22. I miei genitori partiranno *con il treno delle 12*.
23. I bambini hanno visto *il ladro*.
24. Sono arrivati *i miei cugini*.
25. Quei signori sono *colleghi del signor Müller*.
26. Ho visto *alcuni amici*.
27. Il professore ha parlato *del Risorgimento*.
28. Angela pronuncia *bene* il tedesco.
29. La conferenza è stata rimandata *alla prossima settimana*.

32. Tradurre:

1. Wem haben die Kinder den Brief geschrieben?
2. Wie oft kaufst du dir ein Paar Schuhe?
3. Was habt ihr bemerkt?
4. Den Wievielten haben wir heute?
5. Wie viele Sakramente gibt es?
6. Wie oft hast du diesen Film gesehen?
7. Auf welches Jahrhundert gehen diese Dokumente zurück?
8. Mit wessen Vater hast du gesprochen?
9. In welchem Jahr wurde Manzoni geboren?
10. An welchem Tag bist du geboren?
11. Wie lautete Ihre Frage?
12. Bis um wie viel Uhr musst du heute arbeiten?
13. In welchem Wörterbuch haben Sie diesen Ausdruck gefunden?
14. Womit kann ich Ihnen dienen?
15. Wie lange hat der Vortrag gedauert?
16. Welche Farbe hat der Smaragd?
17. Aus welchem Jahrhundert stammt dieses Denkmal?
18. Von wem hast du es erfahren?

19. Wie weit ist es zum Bahnhof?
20. Wo seid ihr durchgefahren?
21. Was ist dein Vater von Beruf?
22. Was willst du einmal werden?
23. Wie heißt der Plural von «uovo»?
24. Aus welcher Sprache kommt dieses Wort?
25. Worauf ist dieser Unfall zurückzuführen?
26. In welchem Stock wohnt dein Freund?
27. Auf wie viele Millionen Euro belaufen sich die Schäden?
28. Warum hast du gekündigt?
29. Warum hat dein Bruder das Angebot nicht angenommen?
30. Wie hat die Regierung das Problem gelöst?
31. Was für einen Beruf hat dein Vater?
32. Wie viele Buchstaben hat das italienische Alphabet?
33. Wie viel Miete zahlt ihr?
34. Wen hat das Kind gesehen?
35. Wie viel Zoll muss ich bezahlen?
36. Wie viel steht's?
37. Inwiefern hat sich die Lage geändert?
38. Wie weit darf man hinausschwimmen?
39. Wie viel hat man euch herausgegeben? (Geld)
40. Wie gut sprichst du Englisch?
41. Welche Nationalität haben Sie?
42. Bis wann musst du das Referat abgeben?
43. Worin besteht der Unterschied?
44. Womit verdient er seinen Lebensunterhalt?
45. Wessen Schuld ist es?
46. Gehen wir in die Stadt? – Wozu?
47. Wieso gehst du nicht mit uns?
48. Wie komme ich zum Rathaus?
49. Als was verkleidest du dich?
50. Woraus schließt du das?
51. Wovon hängt das ab?
52. Woran arbeitest du gerade?
53. Zu wievielt seid ihr?
54. Bis wann muss ich das Zimmer räumen?
55. Wann hast du Geburtstag?
56. Wie kommt es, dass du heute einen freien Tag hast?

Capitolo 7 **I numerali** (§§ 92-101)

33. Leggere le seguenti frasi:

1. Sono nata il 17 aprile 1968.
2. Il popolo, chiamato alle elezioni il 2 giugno 1946, a maggioranza, con 12.717.923 voti per la repubblica contro 10.719.284 voti per la monarchia, scelse la forma repubblicana e nominò altresí l'assemblea costituente.
3. Nel 1810 Londra conta 1000 000 di abitanti; quarant'anni dopo ne ha già 2 600 000.
4. Di particolare importanza fu l'enciclica *Rerum Novarum* di Leone XIII.
5. In Italia solo il 39% della popolazione acquista un quotidiano, in Inghilterra è l'86%.
6. Per Sigmund Freud (1856-1939), il fondatore della psicoanalisi, l'aggressività costituisce un elemento fondamentale del comportamento umano.
7. Durante l'Alto Medioevo (sec. V-X) la città vive chiusa nella cerchia delle sue mura.
8. Mentre la durata media della vita in Italia è passata dai 43 anni dell'inizio del secolo a 71 anni per l'uomo e 77 per la donna, le nascite sono scese da oltre 1 017 000 nel 1964 a meno di 600 000 nel 1984.
9. Il treno per Napoli parte alle 17,28.
10. Nell'anno accademico in corso, i nuovi iscritti sono poco più di 216.000, e cioè l'8,8 per cento in meno rispetto all'anno scorso.
11. La via Flaminia fu costruita nel 220 a.C. da Gaio Flaminio.
12. S. Marino, la più piccola repubblica del mondo (la sua superficie è di circa 60 kmq), ha 18.000 abitanti.
13. Più di un ¼ degli abitanti del Piemonte (1.200.000 su 4.542.000) risiedono infatti nella città di Torino.
14. Il territorio della Puglia è per il 54% pianura, per il 45% collina e solo per l'1% montagna.
15. Durante il '400 Napoli divenne uno dei centri culturali e commerciali più importanti d'Italia.
16. Milano, 18-6-1981
17. Suo nonno aveva comprato la casa nel 19... .
18. Benedetto da Norcia (c.480-c.547) è considerato il più importante personaggio del monachesimo occidentale.

34. Tradurre:

1. Meine Eltern sind schon am 5. Juli abgereist.
2. Dante wurde 1265 geboren und starb 1321.
3. Wir haben vierzehn Tage auf Elba verbracht.
4. Auf Seite 40 habe ich einen Druckfehler gefunden
5. Ich habe mit dreißig geheiratet.
6. Ich sitze in der vierten Reihe.
7. Wir sind im Klassenzimmer 7.
8. Maria ist Erste geworden.
9. Ich bin doppelt so alt wie du.
10. Ihr Mann ist um die Sechzig.
11. Heute ist der 1. Mai.
12. Die Italiener - 53 Millionen Protagonisten (Buchtitel)
13. Mein Bruder hat die Fünfzig schon überschritten.
14. Ich bin um vier Uhr morgens aufgewacht.
15. Der Zug fährt um Null Uhr ab.
16. Ich bin am 12.10.1953 geboren.
17. In Zeile 25 fehlt ein Wort.
18. Wir haben etwa zwanzig Minuten gewartet.
19. Jeder zweite Gefangene war unterernährt.
20. Papst Johannes XXIII. berief das 2. Vatikanische Konzil ein.
21. Ich habe drei Kilo abgenommen.
22. Cavour blieb fast ununterbrochen an der Spitze der Regierung bis zu seinem Tod 1861.
23. Der Marsch auf Rom fand im Oktober 1922 statt.
24. 1492 ist ein wichtiges Datum.

35. Completare le frasi seguenti con il numerale cardinale appropriato:

1. Mio figlio è rimasto impigliato in una siepe e si è fatto un ☐ nei pantaloni.
2. A teatro c'erano ☐ gatti.
3. Mamma, mi fai ☐ spaghetti?
4. Ti devo parlare a ☐ occhi.
5. Ho risolto finalmente il problema, ma mi ha fatto sudare ☐ camicie.
6. Quando vide che avevamo scoperto la sua bugia, si fece di ☐ colori.
7. Dai, facciamo ☐ passi!

8. Gli ho scritto ☐ righe.
9. Non c'è ☐ senza ☐.
10. È successo un ☐.
11. Mi sono comprato una valigetta ☐ ore.

36. Completare le seguenti frasi con il numerale ordinale appropriato:

1. Ci vedremo ai ☐ di maggio.
2. Nel 1861 Vittorio Emanuele ☐ fu nominato Re d'Italia.
3. È solo ai ☐ passi nello studio del violino.
4. In un ☐ tempo non mi era molto simpatica.
5. ☐: Retribuzione aggiuntiva alle dodici mensalità, corrisposta ai lavoratori in prossimità delle feste natalizie. (Zingarelli)
6. Il Ghana, il Laos, l'Ecuador fanno parte del ☐ mondo.
7. Preferisco stare dietro le ☐

37. Scrivere in tutte lettere:

1. Quasi ☐ (1/2) dei maschi e ☐ (1/4) delle donne sta ancora con mamma alla veneranda età di ventinove anni.
2. Oltre i ☐ (4/10) della regione sono occupati da montagne.
3. Siamo arrivati alle cinque meno un ☐.
4. Ne ho comprato 200g.
5. Ci vuole 1/2 l di latte.

38. Trovare il nome adatto:

1. Un ☐ è il periodo di dieci anni.
2. Il XX ☐ va dal 1901 al 2000.
3. Un ☐ è il periodo di mille anni.
4. Un ☐ è un brano musicale cantato insieme da due cantanti.
5. Un ☐ è il periodo di tempo di tre mesi.
6. Una ☐ di libri sono circa dieci libri.
7. La monarchia in Italia è durata meno di un ☐.
8. Un ☐ è il periodo di cinque anni.
9. La prima ☐ del mese sono i primi dieci giorni.
10. Che cos'è un ☐? – È una composizione musicale per cinque strumenti o per cinque voci o il complesso che esegue tale composizione.

Capitolo 8 I pronomi personali (§§ 113-130)

39. Sostituire alle caselle il pronome personale adatto:

1. ☐ sono di Milano, mio marito è di Venezia.
2. ☐ è casalinga, ☐ è professore di matematica.
3. ☐ due resteremo a casa a studiare.
4. Angela e ☐ siamo andate a fare una gita.
5. ☐ stessi hanno fatto questa proposta.
6. ☐ vado al mercato, e ☐, che cosa fai?
7. Non è più ☐ da quando è tornata dall'Argentina.
8. Mario mi è antipatico. Non voglio uscire con ☐.
9. Il tedesco l'ho imparato da ☐.
10. Maria è una brava ragazza. Puoi contare su ☐.
11. Se sei solo a casa, veniamo da ☐.
12. Lascia fare a ☐ che ne sono più pratico di ☐.
13. Il preside mi ha chiamato presso ☐.
14. Non ti voglio più vedere. Tra ☐ è finita.
15. Guarda, questo regalo è per ☐.

40. Sostituire alle caselle il pronome personale adatto:

1. La famiglia rimane l'ambiente migliore per impartire i fondamenti dell'educazione. In ☐ il bambino viene guidato da un'autorità che si fonda sull'amore; ☐ impara così a sottostare ad una disciplina collettiva ed a frenare il proprio egoismo.
2. Tutte le società esistenti accordano una particolare considerazione al matrimonio e ognuna di ☐ distingue le unioni legittime e quelle libere.
3. Dal Medioevo fino alla seconda metà dell'Ottocento, la società italiana è stata di tipo agricolo. ☐ era fondata essenzialmente sui valori culturali tipici del mondo rurale.
4. Lo sviluppo industriale e le trasformazioni sociali ad ☐ connesse hanno ridotto notevolmente le capacità educative della famiglia.
5. L'amore dell'Italia lo (= Federico) aveva tradito. ☐ non poteva diventare una Nazione perché aveva in corpo il Papa. (I. Montanelli/ R. Gervaso)
6. I Comuni erano troppo forti. Alcuni di ☐, come Venezia, Genova, Milano e Firenze, erano addirittura delle potenze mondiali. (I. Montanelli/R. Gervaso)

7. La valle d'Aosta è molto ricca di acque; gran parte di ☐ vengono utilizzate per produrre energia idroelettrica.
8. Gli italiani avevano trasformato l'universo o, almeno, il concetto dell'uomo sull'universo e sul suo posto in ☐. (L. Barzini)
9. La famiglia non è più quella di una volta: ☐ non riunisce più sotto lo stesso tetto diverse nazioni.

41. Tradurre:

1. Ich bin nicht du.
2. Ich bin nicht mehr ich.
3. Ich bin nicht mehr ich selbst.
4. Ich habe es gemacht wie du.
5. Woher sind Sie?
6. Sie ist auch aus Rom.
7. Er weiß es auch.
8. Wir alle wissen es.
9. Ich Arme!
10. Du und ich wissen es als Einzige.
11. Mein Bruder ist so groß wie ich.
12. Ich bin zwei Jahre jünger als du.

42. Sostituire alle caselle il pronome personale adatto:

1. Mi pensi ancora? - Sì, ☐ penso ancora.
2. Che cosa vi hanno detto? - Non ☐ hanno detto niente.
3. Ho alcune banane, ☐ vuoi una?
4. Se vedi mia sorella, di☐ di aspettarmi.
5. I Rossi ☐ conosco da due anni.
6. Non riesco a fare questo compito di matematica. ☐ potresti aiutare?
7. Scusi, ☐ posso dare una mano?
8. Hai pensato ai fiori? - Sì, ☐ ho pensato.
9. Accomodatevi. Che cosa ☐ posso offrire?
10. Hai già scritto ai tuoi genitori? - Sì, ☐ ho già scritto.
11. Invitiamo anche Luisa? - No, non ☐ posso sopportare.
12. Dove hai incontrato Marco? - ☐ ho incontrato al mercato.
13. Hai telefonato al signor Pirera? - No, ☐ ho mandato un fax.
14. Di viso me ☐ ricordo, ma mi sfugge il Suo nome.
15. Scusi, sa dir☐ dov'è via Manzoni?

43. Completare*:

1. «Quanti □ fate al chilo questi funghi?»
   «Quattro euro, sono freschissimi, □ ho colt□ □ stesso questa mattina.»
   «□ □ dia un chilo, □ pagherò domani.
   Domani? No, deve pagar□□ subito. Potrebbero essere velenosi e dopo a chi □ rivolgerei?»
2. Se la famiglia o la scuola non riescono a fornire ai giovani modelli di vita essi cercano di crear□□ da soli e in maniera del tutto opposta a quelli tradizionali.
3. Fra Girolamo voleva il successo, e il Priore □□ fornì l'occasione offrendo□ il pulpito di San Lorenzo. (I. Montanelli/R. Gervaso)
4. Non □□ occupo perché i miei affari non □□ lasciano il tempo.
5. «Quando parli con un ragazzo, devi sempre guardar□ negli occhi e, quando ascolti, guarda□ la bocca e tieni le labbra leggermente aperte. Quando □ interessa qualcuno, non devi mai far□□ capire apertamente: lusinga□, attira□ e poi fingi indifferenza». (L. Cardella)
6. Dante si risveglia in una selva impenetrabile che □ incute spavento. Cerca di uscir□ dirigendosi verso un colle dietro a cui sta sorgendo il sole.
7. Il Petrarca si volge alla terra come a un frutto proibito, e □ sente insieme il fascino e la caducità. (C. Cappuccio, Storia della letteratura italiana)
8. Per gruppo di pressione s'intende l'organizzazione che agisce sui pubblici poteri per influenzar□ e determinar□ le decisioni.
9. I suoi mercati (= di Milano) traboccavano di ogni ben di Dio. □ affluivano uomini d'affari inglesi, francesi, tedeschi, veneziani, fiorentini. □ si potevano acquistare le merci più disparate. (I. Montanelli/R. Gervaso)
10. Mio fratello voleva imparare il cinese, ma non □ è riuscito.
11. Permette che □ faccia una domanda personale, signorina?
12. Quanto a □, visto che gli altri □ davano pace, □□ sarei dat□ anch'io. (G. Bassani)
13. Mentre parlavo, □ era messa a sedere sul muro, volgendo□ la schiena. (G. Bassani)
14. Anch'□ è un uomo colto, □ tiene a far□□ sapere. Con □ □ è gentile, siamo dello stesso rango. (C. Levi)

44. Sostituire i complementi stampati in corsivo con il pronome adatto:

1. Avevo deciso di non dir nulla *ai miei nipoti*.
2. Vidi *l'uomo* precipitarsi nel salotto.
3. Non so se il film piacerà *a mia moglie*.
4. Telefona *ai tuoi genitori* !
5. Mio figlio sta facendo *il servizio militare* in Sicilia.
6. Puoi contare *su Angela*.
7. Dobbiamo domandarci perché non tutti usufruiscono alla stessa maniera *dei benefici del progresso.*
8. Perché non tutti sono partecipi *della cosiddetta società del benessere*?
9. L'industria continua a ridurre *il personale* per tenere bassi i costi di produzione.
10. Soffrono tutti *del disagio di sentirsi messi da parte*.
11. Corrado Gianfigliazzi lasciava perdere *i suoi affari*.
12. Chichibio era innamorato *di Brunetta*.
13. La bambina va incontro *ai nonni.*
14. Molti fattori fanno *della Lombardia* la regione agricola più ricca d'Italia.
15. Non sono disposti a rinunciare *ai loro privilegi*.
16. Gli altissimi guadagni fanno moltiplicare *le bande organizzate*.
17. Vado a prendere *mia cugina* alla stazione.
18. Hai già chiesto *a tua sorella*?
19. Il padre è sopravvissuto *a suo figlio*.
20. Siete contenti *dell'albergo*?
21. Fate entrare *il cane* !
22. Va' a ritirare *il pacco*.
23. I Signori dovettero accettare *queste condizioni*.
24. Voglio bene *ad Angela*.
25. Ecco *i miei figli* !
26. Perché l'arbitro ha espulso *il giocatore*?
27. Ho l'intenzione di partecipare *al convegno*.
28. Chi va a prendere *il vino*?
29. Lascia giocare *i bambini* !
30. Domani metterò in ordine *la mia camera*.
31. Luisa sta facendo *i compiti*.
32. Ti dispiacerebbe chiudere *la finestra*?

45. Sostituire i complementi stampati in corsivo con il pronome adatto:

1. Io volevo bene *ai miei fratelli.*
2. Bisogna salvare *le tradizioni.*
3. Non dimenticare *i dolci* !
4. Avevano lasciato *la finestra* aperta.
5. Non avevo ancora visto *i suoi genitori.*
6. Il direttore fu accusato di aver fornito *alle bande di sequestratori* un possibile elenco di ostaggi.
7. Nessuno ha partecipato *al suo funerale.*
8. Mussolini era stato allontanato *dal Partito socialista.*
9. Il padre della ragazza ha trovato *le sue viti* tagliate.
10. I meridionali vengono accusati di aver importato *la mafia* al nord.
11. Gli anziani vengono esclusi *dal mercato del lavoro.*
12. Devono aver ucciso entrambi *gli uomini.*
13. Hai trovato *le chiavi*?
14. Hai già finito *la relazione*?
15. La grandezza di Fellini è quella di aver saputo sfruttare più di ogni altro *le possibilità fantastiche del cinema.*
16. Ho visto *i due* entrare nell'ascensore.
17. Sotto *Lorenzo* Firenze diventò l'indiscussa capitale della cultura europea.
18. Non è giusto vedere *nel divorzio* la causa della crisi e della disgregazione della famiglia oggi.
19. Sono stati numerosi i tentativi delle autorità dello Stato per porre fine *al banditismo sardo.*
20. Molti giovani sono convinti di trovare *nella droga* la soluzione dei loro problemi quotidiani.
21. Mio padre non dava peso *a queste dicerie.*
22. Ho visto *la ragazza* salire insieme con *Luigi.*
23. La faccenda riguarda solo *i miei genitori.*
24. A quell'epoca si iniziò a comprendere la struttura *del corpo umano.*
25. Non posso far venire *i miei amici.*
26. Lei desiderava soltanto non dover chiedere soccorso *ai parenti.*
27. Il maresciallo ordinò *ai carabinieri* di far risalire *i viaggiatori* sull'autobus.
28. Giuseppe Garibaldi contribuì notevolmente *all'unità d'Italia.*

46. Sostituire i complementi stampati in corsivo con il pronome adatto:

1. L'ho detto *a mia sorella* e non *a mio fratello*.
2. Il padre non è riuscito a far cambiare idea *alla figlia*.
3. Voglio andare a veder giocare *la Juve*.
4. Una volta dovetti far ricoverare *la nonna* in ospedale.
5. Suo figlio non può più rinunciare *all'alcol*.
6. Molti giovani riscoprono la bellezza *della lingua friulana*.
7. I carabinieri hanno setacciato a lungo *le campagne della zona*.
8. Le città dipendevano totalmente per la loro sopravvivenza *dalle province*.
9. Il tossicodipendente non può più fare a meno *della droga*.
10. Molti giovani soffrono di non poter seguire *la moda*.
11. Questi libri non fanno parte *del programma scolastico*.
12. Il romanzo poliziesco aiuta a evadere *dalle preoccupazioni di tutti i giorni*.
13. È assurdo pensare che qualcuno possa aver rapito *la bambina*.

47. Sostituire i complementi stampati in corsivo con il pronome adatto*:

1. Il ragazzo si tolse *il cappottino*.
2. Chi si occupa *della biancheria*?
3. Ci ha tolto *il piacere di prendere una tazza di caffè*.
4. Ero capace di qualsiasi cosa per procurarmi *del vino* il più in fretta possibile.
5. Gli racconterò *la storia*.
6. Tutti si lamentano *della lentezza del traffico*.
7. Oggi la società non offre più *quei valori ai giovani.*
8. [Gli italiani] si servono *della famiglia* come di un'arca per sopravvivere *alle calamità naturali, alle convulsioni economiche e ai rivolgimenti politici*. (L. Barzini)
9. [Il settentrionale] si assoggetta *a qualunque sacrificio*, pur di assicurare vantaggi materiali a se stesso e alla propria famiglia. (L. Barzini)
10. Non voglio accontentarmi *di un lavoro dequalificato*.
11. Mussolini si assunse la responsabilità *del delitto Matteotti*.
12. Mio padre si era sempre tenuto lontano *dalla politica*.
13. Non ci si occupa *del loro inserimento nell'attività produttiva*.

14. Corrado mandò *la gru al suo cuoco.*
15. Si è messo *i soldi* in tasca.
16. Nel 1300 i Neri si impadroniscono *del governo di Firenze*.
17. I nemici si arresero *a Federico*.
18. Molti giovani intellettuali cercavano di opporsi *alla Restaurazione*.
19. I capi della Carboneria non informavano *i soci dei programmi della sezione*.
20. Si è preso subito *la bambina* in braccio.
21. Ti sei accorto *che hanno paura di tutto* ?
22. Una politica nazionalista esasperata ha negato *i diritti alle varie minoranze*.
23. In fabbrica non ci permettono *di fumare*.
24. Questo non deve farci dubitare del valore *di questa organizzazione.*
25. I tossicomani sono disposti a qualunque misfatto per procurarsi *la dose di droga*.
26. Si attribuisce *la definizione di nazionalità* al popolo che parla la stessa lingua e occupa lo stesso territorio.
27. Il problema è di rendere *ai giovani il mondo* più amico.
28. Nessuno può sottrarsi *ai legami sociali e alle conseguenti influenze*.
29. L'autonomia non può scaricarci *della responsabilità che abbiamo verso gli altri.*
30. Non si può rinunciare *a questi esperimenti*.
31. La guerra sembrava l'unico mezzo per opporsi *a spietate tirannie*.
32. È tempo di liberarsi *da questo senso di rassegnazione*.
33. Si riempì le tasche *delle monete e dei biglietti*.
34. Le voglio far conoscere *mia sorella*.
35. La scuola riesce in molti casi a farci odiare *il libro* fin dalle elementari.
36. La scuola non ci invita *al piacere della lettura*.
37. Non ci possiamo permettere *questo lusso*.
38. Alcuni turisti si sono lamentati *del cattivo trattamento*.
39. Preferisco dedicarmi *alla famiglia*.
40. Non si deve dimenticare *questo fatto.*
41. Si parla da anni *di quella riforma*.
42. Perché non ti rivolgi *a Carlo*?
43. Ci si accorge *del cambiamento*.

48. Tradurre:

1. (Di) soldi non ne ho più.
2. Ne siamo ripartiti la sera dopo.
3. Chi se ne occupa?
4. Ne conosci l'inventore?
5. Quante banane hai mangiato? - Ne ho mangiate tre.
6. Avete parlato dei problemi? - Sì, ne abbiamo parlato.
7. Non ne posso più.
8. Quanti ne abbiamo oggi?
9. Ho visto un film interessante, ma non ne ricordo più il titolo.
10. Non ne ho più bisogno.

49. Tradurre:

1. Ich hole ihn vom Bahnhof ab.
2. Besuchst du mich morgen?
3. Ich brauche es nicht mehr.
4. Ärgere mich nicht!
5. Wir sind es!
6. Mein Sohn spielt fast nie damit.
7. Ich dachte, er sei ehrlich, aber er ist es nicht.
8. Er wird es vergessen haben.
9. Tu es nicht!
10. Ich habe ihnen geschrieben.
11. Ich wusste es auch nicht.
12. Ich habe beschlossen, nicht hinzugehen.
13. Man hatte uns nicht informiert.
14. Ich kann nicht mehr.
15. Hast du sie (= die Briefe) erhalten?
16. Ich habe sie (= die Kinder) im Garten spielen sehen.
17. Man muss ihm helfen.
18. Hast du sie (= die Rossis) angerufen?
19. Diese Dinge interessieren ihn nicht.
20. Ich muss ihn sprechen.
21. Du kannst dich auf ihn verlassen.
22. Ich muss ihr schreiben.
23. Ich sehe sie (= Claudia) jeden Tag.
24. Darf ich Sie (Sing.) zum Abendessen einladen?
25. Was hat man Ihnen (Pl.) geantwortet?

50. Tradurre*:

1. Sagen Sie (Sing.) es ihm nicht sofort!
2. Sage es ihm morgen!
3. Leider hatte ich es nicht gemerkt.
4. Man hat oft darüber gesprochen.
5. Und jetzt beginnt er, sich darüber zu beklagen.
6. Ich möchte nicht, dass du es ihr sagst.
7. Niemand kümmert sich darum.
8. Man müsste sich darum kümmern.
9. Ich habe es durch einen Kollegen von mir erfahren.
10. Die ihm vertrauten Autoren sind Boccaccio und Pirandello.
11. Man muss ihn darüber informieren.
12. Wir müssen versuchen, dem ein Ende zu machen.
13. Euch hat niemand eingeladen!
14. Sie feiern, und uns schicken sie ins Bett.
15. Ich meine dich.
16. *Mich* interessiert das nicht.
17. Sie wollten für sich bleiben.
18. Man begibt sich dorthin.
19. Ich habe eine gute Nachricht für Sie.
20. Ich hätte eine Bitte an Sie.
21. Diese Verben bilden eine Gruppe für sich.
22. Sie hielten die ihnen gemachten Versprechen nicht.
23. Was für Sachen sie über ihn erzählen!
24. Von mir hast du nichts zu befürchten.
25. Ich habe ihm und ihr geholfen.
26. Daraus wird nichts.
27. Ich habe ihm einen Besuch abgestattet.
28. Das Haus hat ihn ein Heidengeld gekostet.
29. Meine Tochter will nicht in die Berge; sie sagt, sie langweile sich dort.
30. Es war zu erwarten.
31. Ich werde es ihm ausrichten.
32. Sie ließ es sich nicht zweimal sagen.
33. Ich habe es ihr zu verstehen gegeben.
34. Er hat versprochen, es uns sofort zu bringen.
35. Hast du dich ihr schon vorgestellt?
36. Ich glaube es dir.

51. Tradurre „es“:

1. Ich weiß es nicht.
2. Ich habe es nicht gewagt, es ihm zu sagen.
3. Es wird spät.
4. Es ist schönes Wetter.
5. Wie spät ist es?
6. Wie geht es dir?
7. Es regnet.
8. Ich bin es.
9. Wie weit ist es zum Bahnhof?
10. Ich habe es eilig.
11. Versuch es!
12. Es gibt viel zu tun.

52. Tradurre*:

1. Ich bringe es nicht fertig.
2. Machen Sie es sich bequem!
3. Haben Sie es klein?
4. Es hat geläutet.
5. Man kann es nicht allen recht machen.
6. Ich habe es satt!
7. Es gefällt mir hier.
8. Dem werde ich’s zeigen!
9. Der Junge wird es weit bringen.
10. Ich brauche es nicht mehr.
11. Du wirst es mit mir zu tun bekommen.
12. Es ist mir nicht gelungen, ihn vom Gegenteil zu überzeugen.
13. Mein Mann hat es am Herzen.
14. Hier lässt es sich leben.
15. Es steht dir frei, dorthin zu gehen.
16. Es wird viel gelacht.
17. Wie geht’s?
18. Lass es sein!
19. Du wirst es mir büßen.
20. Sie versteht es mit Kindern.
21. Hast du es, das Geld?
22. Hast du es geschafft?
23. Es ist mir nicht gelungen.

53. Tradurre:**

1. Er wird es nicht mehr lange machen.
2. Hier kann man es aushalten.
3. Es wird Winter.
4. Er hat es mit ihm verscherzt.
5. Es wird mir kalt.
6. Ich meine es gut mit dir.
7. Es kribbelt mir in den Beinen.
8. Es spukt in diesem Haus.
9. Es wimmelt nur so von Fehlern in diesem Diktat.
10. An Gelegenheiten hat es gewiss nicht gefehlt.
11. Es hat sie nach Afrika verschlagen.
12. Du hast es gut.
13. Es zieht.
14. Es ist noch kein Meister vom Himmel gefallen.
15. Wird's bald?
16. Wie viel steht's?
17. Er hat es nicht leicht.
18. Es wird gestreikt.
19. Es fällt mir schwer zu gehen.
20. Es ist um ihn schlecht bestellt.
21. Damit hat es Zeit.
22. Es wird wieder schönes Wetter.
23. Lass es sein!
24. Zwischen uns ist es aus.
25. Es ist jeden Tag Schule, außer sonntags.

54. Completare con *è/c'è* - *sono/ci sono*:

1. Le Regioni ☐ venti.
2. La carne ☐, manca il pane.
3. ☐ posta per me?
4. Il venerdì ☐ il mercato del pesce.
5. Il bar ☐ accanto al museo.
6. Che ☐ stasera alla televisione?
7. Dove ☐ le pesche che ho comprato stamattina?
8. Vicino alla stazione ☐ un cinema.
9. ☐ ancora due panini.
10. Mi dispiace, non ☐ niente da fare.

11. ☐ da impazzire.
12. La scuola ☐ tutti i giorni, esclusa la domenica.
13. Se continuate così, ☐ botte.
14. Che cosa ☐ accanto all'edicola?
15. Guarda, lì ☐ l'ente per il turismo.
16. Accanto al teatro ☐ un bar.
17. Qui vicino ☐ anche una farmacia.
18. L'ascensore ☐ lì a sinistra.
19. ☐ stato l'inferno.
20. Lì all'angolo ☐ la pizzeria.
21. ☐ accesa la luce?
22. Quanti errori ☐ nell'esercizio?
23. Questo non ☐ pane per i miei denti.
24. Mangi tutto o ☐ qualcosa che non ti piace?
25. ☐ ancora la luce accesa.
26. Non ☐ più pane.
27. Che cosa ☐ di bello alla televisione?
28. Domani non ☐ scuola.
29. Senta, scusi, ☐ un ristorante da queste parti?
30. Qui ☐ tante cose da vedere.
31. Scusi, dove ☐ un ristorante, per favore?
32. Lì ☐ il ristorante "da Mario".
33. ☐ una pizzeria all'angolo.
34. Quante porte ☐ in questa stanza?
35. Guarda, lì ☐ la fermata.

55. Tradurre:

1. Gibt es eine Apotheke hier in der Nähe?
2. Ist Franco da? - Nein, er ist nicht da.
3. Wie viele romanische Sprachen gibt es?
4. In unserer Klasse sind zwei Spanier.
5. Um wie viel Uhr gibt es Abendessen?
6. Auf dem Markt sind viele Leute.
7. Es war niemand mehr da.
8. Entschuldigen Sie, wo ist eine Apotheke?
9. Es ist keine Milch mehr da.
10. Es gibt viele Ausnahmen von dieser Regel.
11. Es wird ein großes Fest geben.

56. Tradurre:

1. A giugno ci sono state le elezioni.
2. C'è qualcosa che non funziona.
3. C'è la luce accesa nel suo studio.
4. C'è già il treno da Firenze?
5. C'era da aspettarselo.
6. Un cambiamento c'è stato.
7. Mario non c'è.
8. Dio c'è.
9. C'è odore di goal in aria.
10. Nelle ultime generazioni si assiste a una caduta di interessi nei confronti dei problemi politici e sociali. Le ragioni ci sono: la perdita di fiducia nelle istituzioni, nei partiti, negli uomini di governo.
11. Ci sono sette auto ogni dieci abitanti.
12. Oggi non c'è la lezione d'italiano.
13. C'è stato l'inferno.
14. C'è il sole.
15. C'è nebbia.

57. Sostituire alle caselle i pronomi personali/le particelle pronominali*:

1. Non ☐ posso più.
2. Il mercato di Napoli è visitato regolarmente da ladri che ☐ sanno lunga sul modo di far☐ al prossimo.
3. Che ☐ entra lui?
4. Quanto tempo ☐ hai messo?
5. Non ☐ vale la pena.
6. Quanti ☐ abbiamo oggi?
7. Se passate il fine settimana al mare, ☐ sto.
8. Mario ☐ sa fare con i bambini.
9. Io ☐ penso così.
10. Per far☐ breve, abbandonammo il proposito di rientrare in città.
11. Chi ☐ dura ☐ vince.
12. ☐ vedo doppio.
13. ☐ vuoi capire?
14. Se non vieni, ☐ prendi.
15. Smetti☐ di chiacchierare!

58. Sostituire alle caselle i pronomi personali/le particelle pronominali*:

1. Lega☐☐ al dito!
2. ☐ ☐ pagherai cara!
3. Da sola non ☐ ☐ sento.
4. ☐ ☐ impipo.
5. I giovani d'oggi sono troppo viziati: hanno tutto e non hanno fatto niente per guadagnar☐☐.
6. Il cellulare tutta Italia ☐☐ha.
7. Come ☐☐ può meravigliare che i giovani non abbiano più valori?
8. C'era da aspettar☐☐.
9. Non hai ragione a lamentar☐☐.
10. Che ☐☐ fai di tutti questi libri?
11. Non credevo di far☐☐.
12. ☐☐ abitua a tutto.
13. Non so come liberar☐☐.
14. Di problemi ☐☐ sono molti.
15. Che belle queste pesche! ☐☐ dia un chilo.
16. ☐☐ hai le chiavi?
17. ☐☐ siamo pentiti.
18. ☐☐ intende con la figlia del capo.
19. Sbrigate☐☐ da soli!
20. Non prender☐☐!
21. Non ☐☐ fece dire due volte.
22. Dei tuoi consigli non so che far☐☐.
23. Quest'osservazione avresti potuto risparmiar☐☐.
24. ☐☐ occupo io!
25. Tien☐☐ per detto!
26. ☐☐ incomincia a preoccupare.
27. ☐☐ sposa meno e ☐ divorzia di più.
28. ☐☐ è cavata benissimo.
29. Morto un papa ☐☐ fa un altro.
30. Non ☐ ☐ faccio più.
31. ☐ ☐ lavo le mani.
32. I bambini ☐ ☐ dettero a gambe.
33. A parlare ☐ ☐ cavo abbastanza bene, a scrivere non tanto.
34. È un tipo che ☐ ☐ prende comoda.
35. Dai, non prender☐☐!

Capitolo 9 La proposizione relativa (§§ 131-142; 238)

59. Mettere il pronome relativo, eventualmente preceduto da una preposizione/un dimostrativo:

1. Come si chiama quel signore ☐ hai salutato?
2. Devi dire tutto ☐ hai visto.
3. I libri ☐ ho ricevuto per il mio compleanno mi piacciono molto.
4. Come si chiama il ragazzo ☐ sei uscita ieri sera?
5. La regione ☐ vivo si chiama Palatinato.
6. La casa ☐ abito è piuttosto vecchia.
7. Il «Codice Atlantico», ☐ sono raccolti i disegni di Leonardo, si trova nella Biblioteca Ambrosiana di Milano.
8. Non c'è niente ☐ noi possiamo fare.
9. I genovesi furono in conflitto con Venezia ☐ vennero vinti nel 1381.
10. In una società industriale avanzata come la nostra, dove non si può tollerare ☐ non è produttivo, numerose persone vengono emarginate.
11. Per ☐ riguarda il suo caso, agisca con decisione.
12. C'è ☐ non può fare a meno di discutere su tutto.
13. Il corso d'aggiornamento ☐ ho partecipato è stato molto interessante.
14. Sono persone ☐ bisogna diffidare.
15. A ☐ mi risulta, lui non ha legami ufficiali.
16. L'aereo ☐ siamo arrivati era in ritardo.
17. Che cosa cercano questi viaggiatori che sia preferibile a ☐ hanno lasciato indietro?
18. ☐ è certo è che, assieme a molti vantaggi, la «famiglia lunga» ha anche i suoi lati negativi.
19. L'anno ☐ sono nato io è morto mio nonno.
20. Parlavamo ☐ mi era successo.
21. I settori ☐ il lavoro straniero è maggiormente presente sono ...
22. Il Veneto è una delle regioni ☐ l'emigrazione è stata molto forte.
23. Molte persone, ☐ alcuni stranieri, sono intervenute alla cerimonia.
24. Ci si sente belli o brutti nella misura ☐ ci si avvicina o meno all'immagine ideale di sé.
25. C'è sempre ☐ non è mai contento ☐ ha.

60. Mettere il pronome relativo, eventualmente preceduto da una preposizione/un dimostrativo:

1. Le banche fiorentine dispongono di grosse somme di denaro □ non possono fare a meno né Principi, né Re, né Papi.
2. Profonde differenze passano tra □ è cresciuto in campagna e □ è cresciuto in città.
3. Tra il salone e la sala da biliardo ci sono cinque porte-finestre, ognuna □ dà sul portico.
4. C'erano due cose □ non riuscivo a capire.
5. Il giorno □ ti ho incontrato andavo al corso di francese.
6. Nel 1516 Leonardo da Vinci si trasferisce in Francia □ diviene pittore di corte.
7. Questa è un'opera □ lavoro da dieci anni.
8. Nel 1505 Michelangelo venne chiamato a Roma dal Papa Giulio II □ desiderava che il grande artista gli preparasse la tomba.
9. Facciamo a □ arriva prima
10. Le vibrazioni acustiche si trasmettono attraverso l'aria, senza □ non avrebbero modo di giungere al nostro orecchio.
11. L'italiano popolare è il tipo d'italiano imperfettamente acquisito da □ ha per madrelingua il dialetto. (M. Cortelazzo)
12. L'alcol è una droga □ molti non possono più fare a meno.
13. Sono cose □ non voglio rinunciare.
14. Dove posso trovare una buona pizzeria □ mangiare la vera pizza napoletana?
15. Non so il motivo □ si sono separati.
16. La mia professoressa di matematica è un'insegnante capace □ ho imparato molto.
17. C'è gente □ basta andare al cinema per illudersi di poterne fare.
18. Nel 1919 Luigi Sturzo fondò il Partito Popolare Italiano, □ fu segretario fino al 1923.
19. Il triangolo industriale è il nome □ si indica la zona compresa tra Milano, Torino e Genova □, negli anni Sessanta, è stata sede di una forte industrializzazione.
20. [...] una società □ lo ha visto nascere e crescere, in mezzo □ è sempre vissuto e in virtú si sente circondato da una solidarietà collettiva.[...]. (V. Pratolini)
21. È vero □ il Suo vicino La accusa?
22. Non c'è nessuno qui □ chiedere informazioni?

23. L'opera maggiore del Boccaccio, quella ☐ è indissolubilmente legato il suo nome, è una raccolta di cento novelle (C. Cappuccio, Storia della letteratura italiana).
24. Queste minoranze, ☐ diritti non vengono tutelati, vengono sfruttate a seconda della necessità e poi abbandonate al loro destino.
25. Si avvicina il periodo delle vacanze e per ☐ va al mare è quasi l'ora di mettersi in costume. Un appuntamento temuto da ☐ ha qualche problema di sovrappeso ed è ossessionato dall'idea di esibire in pubblico i chili di troppo.
26. Gli anziani, nel momento ☐ vengono esclusi dal mercato del lavoro, non solo si impoveriscono economicamente ma si trovano immediatamente tagliati fuori dall'ambiente ☐ appartenevano.
27. È gente ☐ credi si prepari a partire per sempre.
28. Un referendum è una consultazione elettorale grazie ☐ i cittadini possono esprimere il loro parere su una questione particolare.
29. Gli ho mandato un regalo ☐ spero gli piacerà.
30. Mario è una persona ☐ onestà non ci sono dubbi.
31. Il bambino si rannicchiò e incominciò a succhiarsi il pollice, ☐ voleva dire che di lì a poco si sarebbe addormentato.
32. Mia figlia è molto depressa, ☐ mi preoccupa.
33. L'Aids è una malattia infettiva ☐ contagio avviene solo quando il virus riesce ad arrivare nel sangue.
34. Ho finito quel lavoro nel modo ☐ mi hai detto.
35. La Divina Commedia è composta di tre cantiche, ognuna ☐ comprende trentatré canti ☐, con l'aggiunta di un canto introduttivo ne formano cento.

61. Sostituire alle caselle la forma opportuna del verbo:

1. Era la peggior soluzione che tu ☐ (potere) scegliere.
2. Mario è l'uomo più simpatico che io ☐ (conoscere).
3. Non è un uomo che si ☐ (lasciare) intimidire da minacce.
4. Il Machiavelli è uno dei più grandi pensatori politici che ☐ (avere) avuto il mondo.
5. Cerco una camera che ☐ (dare) sul parco.
6. Passammo, quindi, nella camera da letto della cameriera che ☐ (essere) una bella camera che ☐ (dare) sul cortile, con un letto, un comò e un armadio.

7. Nel XV secolo Firenze era infatti l'unica città che ☐ (potere) competere con Venezia nella cultura e nell'arte. (Montanelli/Gervaso)
8. Chiedemmo all'agenzia tutte quelle informazioni che ci ☐ (aiutare) a stabilire il nostro programma di viaggio.
9. Non passava giorno che egli non ☐ (affacciarsi) in portineria.
10. Quello era il primo incontro che ☐ (esserci) stato fra i due.
11. Non c'era domanda alla quale Leonardo non ☐ (sapere) rispondere, né enigma che non ☐ (essere) in grado di sciogliere, né problema di cui non ☐ (trovare) la soluzione. (I. Montanelli/R. Gervaso)
12. Chi ☐ (avvicinarsi), dopo avere letto le opere di Dante e del Petrarca, alle creazioni del Boccaccio, e soprattutto del *Decameron,* prova subito l'impressione di trovarsi in un mondo diverso. (C. Cappuccio, Storia della letteratura italiana)
13. Bisogna provvedere a una politica del territorio che ☐ (tenere) conto del benessere della collettività e dei valori ambientali e che ☐ (penalizzare) quanti ☐ (tendere) ai soli propri interessi.
14. Non resta, dunque, che avere fiducia nella ricerca scientifica perché ☐ (trovare) sistemi che ☐ (utilizzare) energia „pulita“ che non ☐ (inquinare) o ☐ (alterare) l'ambiente.
15. Quel disgraziato era solo, non aveva piú madre né sorella, non aveva nessuno piú che gli ☐ (lavare) la camicia, gli ☐ (rifare) il letto, gli ☐ (cucinare) la minestra; era naturale che ☐ (volere) sposarsi. (A. Moravia)
16. Non si fece nessuna legge che ☐ (regolare) l'emigrazione o ☐ (proteggere) gli Italiani all'estero.
17. Non c'era nessuna organizzazione che li ☐ (aiutare).
18. Non c'è uno in Sicilia che ☐ (essere) chiamato col suo nome netto, anche se è un bel nome. (L. Sciascia)
19. Venne istituita nel 1950 la Cassa per il Mezzogiorno per attuare opere straordinarie che ☐ (favorire) lo sviluppo economico e sociale dell'Italia del Sud.
20. Fu approvata il 29 maggio '82 una legge che prevedeva forti riduzioni di pena per i terroristi pentiti che ☐ (collaborare) con la giustizia.
21. Il sequestro di quel bambino non può lasciare indifferente chi ☐ (avere) ancora la capacità di sentimento umano.

22. Trovati un compagno che ti □ (aiutare) a trovare la gioia di vivere.
23. Nella città di Prato esisteva una legge, in verità ingiusta e dura, che □ (punire) con il rogo ogni donna che □ (commettere) adulterio, senza distinguere se questa lo facesse per denari o per amore. (G. Boccaccio)
24. [Il podestà] cominciò per questo a temere per lei e sperava che non confessasse colpe per cui lui □ (essere) costretto, come magistrato, a condannarla a morte. (G. Boccaccio)
25. Cercavamo una camera che □ (dare) sul cortile.
26. Mi dia la valigia più grande che □ (avere, 2. Pl.).
27. Quello era l'ultimo incontro che □ (esserci) stato fra i due.
28. Ringrazio tutti quelli che □ (avere) contribuito alla buona riuscita della nostra festa.
29. Avrei bisogno di una persona che mi □ (tradurre) questo articolo dal tedesco.

62. Tradurre:

1. Der Videorecorder, den ich gestern gekauft habe, funktioniert nicht.
2. Das ist eine Entscheidung, die du bereuen wirst.
3. Wie heißt der Junge, mit dem du gestern Abend getanzt hast?
4. Das dort ist das Haus, in dem ich geboren bin.
5. Das ist ein Ergebnis, mit dem beide Mannschaften zufrieden sein können.
6. Es gibt mehrere Faktoren, von denen meine Entscheidung abhängt.
7. Das ist das Mädchen, das mir bei den Mathematikaufgaben hilft.
8. Kennst du den Grund, weshalb sie ihren Mann verlassen hat?
9. Das sind alles Schäden, die von Lärm verursacht werden.
10. Wo wohnt der Junge, dem du diese Karte schreibst?
11. Das ist der Name des Maklerbüros, über das ich meine Wohnung bekommen habe.
12. Das Mädchen, in das ich mich verliebt habe, heißt Silvia.
13. Die erste Frau, mit der er verheiratet war, ist vor zehn Jahren gestorben.
14. Das ist das Einzige, woran ich mich erinnere.
15. Mir wurde das Armband gestohlen, das mir mein Mann zur Geburt unseres ersten Sohnes geschenkt hatte.

16. Das sind Dinge, für die wir verantwortlich sind.
17. Das Hotel, in dem wir unsere Flitterwochen verbracht haben, befindet sich in der Umgebung von Florenz.
18. Heute Morgen wurden fünf Schwerverletzte eingeliefert, darunter zwei Deutsche.
19. Das einzige Fach, das ich nicht ausstehen kann, ist Mathematik.
20. Die Agentur, an die ich mich gewandt habe, scheint mir seriös zu sein.

63. Tradurre*:

1. Ich möchte jemanden haben, mit dem ich mich amüsieren, ins Kino gehen oder vielleicht eine Reise machen kann.
2. Geben Sie mir die schönsten Rosen, die Sie haben!
3. Der Weg war von Büschen gesäumt, hinter jedem von denen ein Junge versteckt war.
4. Florenz ist die schönste Stadt, die ich kenne.
5. Man muss mit dem zufrieden sein, was man hat.
6. Im Zug gab es keinen Platz, wo man sich hätte hinsetzen können.
7. Es handelt sich um ein Problem, das nicht auf die leichte Schulter genommen werden darf.
8. Wer ist der Junge, den du einen Idioten genannt hast?
9. Unsere Freunde, deren Tochter bei einem Verkehrsunfall ums Leben gekommen ist, haben wieder ein Mädchen bekommen.
10. Das ist die Kollegin, deren Tochter ich Deutschunterricht gebe.
11. Jeden Tag kommen Flüchtlinge an, von denen die meisten im Besitz falscher Pässe sind.
12. Chichibio und Corrado gehen zu dem Fluss, an dessen Ufer frühmorgens immer Kraniche stehen.
13. Wie heißt gleich der Platz, von dem aus man einen wunderbaren Blick auf Florenz hat?
14. Das Kloster, in dessen Bibliothek sich Bände von unschätzbarem Wert befinden, wurde gegen Ende des 13. Jahrhunderts erbaut.
15. Was mir am meisten an ihm gefällt, ist sein Humor.
16. Für denjenigen, der Herzprobleme hat, gibt es koffeinfreien Kaffee.
17. Die Firma, bei der ich gekündigt habe, hat Konkurs gemacht.
18. Ich habe einen Hund, an dem ich sehr hänge.
19. Was auch immer geschieht, ich habe beschlossen zu gehen.

Capitolo 10 L'aggettivo qualificativo (§§ 143-163)

64. Aggiungere le desinenze corrette:

1. Mia madre soffre di dolori reumati☐.
2. Le tue scarpe sono sporc☐/sudic☐.
3. Cerco un paio di pantaloni verd☐ chiar☐.
4. Angelo ha gli occhi celest☐.
5. Le coste ligur☐, nonostante le speculazioni ediliz☐ che hanno rovinato larg☐ parti del paesaggio, sono molto bell☐.
6. Il clima prevalent☐ del Piemonte non è mit☐, ma continental☐, caratterizzato da inverni fredd☐ e estati cald☐, con piogge soprattutto in primavera e in autunno.
7. Le città della Toscana non sono molto grand☐, ma ricc☐ di monumenti artistic☐.
8. Perugia è una città antic☐, ricc☐ di monumenti etrusc☐, medioeval☐ e rinascimental☐.
9. Le Marche non hanno avuto, come molt☐ altr☐ regioni italian☐, vicende storic☐ e cultural☐ caratteristic☐ e comun☐ a tutt☐ la regione.
10. La Calabria offre molto ai turisti: spiagge molto bell☐ e ancora un po' selvagg☐ dove il sole è garantito per sei mesi, montagne alt☐ e boscos☐ che in inverno si coprono di neve abbondant☐, resti archeologic☐ delle colonie grec☐.
11. Sono tutte figure femminil☐ simpatic☐ e semplic☐.
12. Il potere era in mano a poc☐ famiglie ricc☐.
13. Gli eretici avevano in comune la ricerca della povertà e della purezza primitiv☐ ed erano contrar☐ alla Chiesa di Roma troppo corrott☐.
14. I normal☐ pasti quotidian☐ sono semplic☐ e non molto abbondant☐.
15. Un tempo, quando le comunicazioni erano lent☐ e difficil☐, e c'erano pochissim☐ scambi commercial☐ fra le regioni italian☐, la cucina era per forza legat☐ ai prodotti local☐.
16. Le forme in cui i giovani esprimono il loro disagio sono var☐ e moltepli☐.
17. Le chiese e i musei sono ricchissim☐ di opere d'arte.
18. Per molti adolescenti hanno inizio profond☐ crisi esistenzial☐.
19. Le fonti energetic☐ natural☐ si stanno riducendo.

20. Quali sono i piatti tipic☐ bolognes☐?
21. Mi sono comprata una bellissim☐ gonna blu☐ scur☐.
22. Dobbiamo risolvere molti problemi economic☐ e social☐.
23. Garibaldi aveva idee politic☐ democratic☐ e modern☐.
24. Vendonsi villette bifamiliar☐ con giardino privat☐.
25. È un film a liet☐ fine.

65. Completare con *bello*, *buono*, *grande*, *santo*:

1. Questa è una ☐ (buono) idea.
2. L'aspetto del centro bolognese è in ☐ (grande) parte medioevale.
3. Marco è un ☐ (bello) ragazzo.
4. Ci vuole una ☐ (buono) organizzazione del lavoro.
5. Il formaggio viene preparato in ☐ (grande) forme.
6. Questa cappella è dedicata a ☐ (Santo) Anna.
7. Che ☐ (bello) armadi!
8. ☐ (Buono) divertimento!
9. Che ☐ (bello) zaino!
10. ☐ (Buono) studio!
11. Com'erano ☐ (bello), quei tempi!
12. Nel 1224 ☐ (Santo) Francesco d'Assisi compone il Cantico di frate Sole.
13. Cavour fu un ☐ (grande) statista.
14. ☐ (Santo) Stefano fu lapidato.
15. ☐ (Santo) Ignazio di Loyola è il fondatore della compagnia di Gesù.

66. Tradurre:

1. Die für diese Krankheit typischen Symptome sind: ...
2. In dieser Gegend gibt es viele romanische Kirchen.
3. Ich habe einige sehr sympathische Jungen kennen gelernt.
4. Das sind große Probleme.
5. Schau mal, was für ein schöner Hund!
6. Meine Frau hat braunes Haar.
7. Die Mafia ist eine kriminelle Organisation.
8. Es gibt viele regionale Unterschiede.
9. Silvia ist ein sehr ordentliches Mädchen.
10. Ich habe ein Paar graue Schuhe gekauft.
11. Der Gebrauch chemischer Drogen nimmt ständig zu.

12. Ich habe meine guten Gründe, misstrauisch zu sein.
13. Seine Tochter ist sehr sprachbegabt.
14. Die Wörter, die auf *–zione* enden, sind weiblich.
15. Dieser Junge wird sicherlich ein großer Musiker werden.
16. Heute ist schlechtes Wetter.
17. Sie ist das schwarze Schaf der Familie.
18. Was für ein schönes Fresko!
19. Was tut der Staat für die kinderreichen Familien?
20. Oft hören wir von terroristischen Attentaten.
21. Ich habe mich einem schwierigen chirurgischen Eingriff unterziehen müssen.
22. Der Tisch aus Nussbaum und der Ledersessel sind verkratzt.

67. Tradurre*:

1. Italienisch ist eine romanische Sprache.
2. Annalisa ist sehr fotogen.
3. Das Schloss ist wirklich imposant.
4. Man muss mit den Schwachen solidarisch sein.
5. Wer ist für die katastrophale Lage verantwortlich?
6. „Bisbigliare" ist ein onomatopoetisches Wort.
7. Meiner Meinung nach wäre das ein zu riskantes Unternehmen.
8. Michaelas Mutter ist eine sehr attraktive Frau.
9. Es ist eine konservative Partei.
10. Gibt es eine chemische Reinigung hier in der Nähe?
11. Leider fehlen uns die finanziellen Mittel.
12. Wir wohnen in einem sehr komfortablen Hotel.
13. Russisch ist eine slawische Sprache.
14. Luca ist ein extravertierter Junge.
15. Das ist ein uninteressantes Buch.
16. In meinen Augen ist diese Werbung kontraproduktiv.
17. Seitdem mein Vater arbeitslos ist, ist er sehr deprimiert.
18. Diese Partei betreibt eine progressive Politik.
19. Dieser Schrank ist Eiche massiv.
20. Das ist ein sadistisches Verhalten.
21. Es handelt sich um eine sehr stressige Tätigkeit.
22. Unsere Beziehungen waren nicht immer idyllisch gewesen.
23. Ich kenne ein gutes vegetarisches Restaurant.
24. Luca ist ein naiver Junge.

68. Tradurre*:

1. Es ist immer das Gleiche.
2. Es könnte Schlimmeres passieren.
3. Das läuft auf dasselbe hinaus.
4. Das war das Beste, was er tun konnte.
5. Wir haben unser Bestes gegeben.
6. Ich kann nichts Schlimmes dabei finden.
7. Das Schlimme ist, dass ich nicht mehr weiß, wo ich es hingetan habe.
8. Das ist das Schöne an der Sache.
9. Das ist das Mindeste, was man erwarten kann.
10. Die Schule hat viel Altes beibehalten.
11. Wie viel Geheimnisvolles ist darin verborgen!
12. Alles Gute zum Geburtstag!
13. Du verlangst Unmögliches.
14. Geh auf dem Trockenen!

69. Completare:

1. Questa casa mi piace più ☐ quella.
2. La mia macchina consuma meno benzina ☐ tua.
3. Se molti giovani rimangono coi loro genitori più ☐ giusto, è soltanto perché sono disoccupati o non trovano lavoro.
4. I giovani sono tutt'altro ☐ passivi.
5. Ora guadagno meno ☐ prima.
6. Oggi c'è più gente ☐ ieri.
7. C'erano più ragazze ☐ ragazzi.
8. Mi trovo meglio in Italia ☐ in Spagna.
9. Non c'è peggior sordo ☐ chi non vuol sentire.
10. Don Camillo sospirava ancora più forte ☐ quando aveva seppellito Lampo. (G. Guareschi)
11. Preferisco andare a teatro ☐ al cinema.
12. Quel ragazzo è più fortunato ☐ intelligente.
13. Angelo è diverso ☐ suoi fratelli.
14. Gli Appennini sono monti di origine meno antica ☐ Alpi.
15. Più ☐ metà della produzione italiana di fiori è ligure.
16. Quest'annata è migliore ☐ precedente.
17. Secondo me, le ragazze sono più ordinate ☐ maschi.
18. Meglio un uovo oggi ☐ una gallina domani.

19. Val più la pratica ☐ la grammatica.
20. Gli italiani, si dice, sono più tifosi ☐ sportivi.
21. Non ho mai visto un individuo più egoista ☐ lui.
22. Poco più ☐ lo spazio di una generazione separa Dante (1265-1321) dal Petrarca (1304-1374).
23. L'infedeltà coniugale è una colpa considerata più grave dai giovani ☐ dagli adulti e dagli anziani.
24. La situazione è più ☐ allarmante.
25. Oggi più ☐ mai questo problema desta grande preoccupazione.

70. Tradurre*:

1. Silvia ist hübscher als ihre Schwester.
2. Mein Bruder ist ehrgeiziger als ich.
3. In unserer Schule sind mehr Mädchen als Jungen.
4. Mein Auto verbraucht weniger Benzin als das meines Bruders.
5. Heute ist es kälter als gestern.
6. Die Dinge sind immer komplizierter, als man denkt.
7. Ich will nicht länger warten als nötig.
8. Es gefällt mir in Florenz besser als in Neapel.
9. Alles ist anders als früher.
10. Bei euch löst man die Probleme anders als bei uns.
11. Es gibt keinen schlimmeren Tauben als denjenigen, der nicht hören will.
12. Vorbeugen ist besser als zu heilen.
13. In unserer Gegend werden mehr Äpfel produziert, als man verkaufen kann.
14. Jetzt verdient er mehr als früher.
15. Dieser Koffer ist leichter als der dort.
16. Es ist leichter, (Geld) auszugeben als zu verdienen.
17. Heute hast du mehr gegessen als gewöhnlich.
18. Sie taten, als wüssten sie nichts davon.
19. Mario ist schlauer als sein Bruder.
20. Du hast dich nicht weniger schlau verhalten als dein Klassenkamerad.
21. Anders als in unserem Land herrscht bei euch Frieden.
22. Sie war anders, als ich dachte.
23. Ich will mich lieber ein wenig ausruhen als spazieren gehen.
24. Es war schwerer, als sie dachten.

25. Wir wollen mehr Qualität als Quantität.
26. Die Prüfungen waren schwieriger, als wir erwartet hatten.
27. Ich verdiene weniger als tausend Euro.
28. Die Arbeitsplätze sind alles andere als sicher.
29. Diesmal war die Prüfung schwieriger als sonst.
30. Besser ein Spatz in der Hand als eine Taube auf dem Dach.
31. Kein Geringerer als Cavour hat das gesagt.
32. Das gefällt mir besser als sonst etwas.
33. In seiner neuen Schule fühlt sich mein Sohn wohler als in seiner alten.
34. Die Dinge sind immer komplizierter, als man denkt.

71. Mettere la forma del superlativo relativo:

1. La Sardegna è ☐ (isolato) delle regioni italiane.
2. Il sardo è ☐ (arcaico e conservativo) delle lingue romanze.
3. Le ore passate al mare erano state ☐ (bello) della sua vita.
4. Dante è uno dei ☐ (grande) poeti di tutti i tempi.
5. Non ne avevo la ☐ (pallido) idea.
6. Silvio è il ragazzo ☐ (intelligente) di tutti.
7. Angela è la ragazza ☐ (simpatico) che io conosca.
8. Questa è la taglia ☐ (piccolo) che abbiamo.
9. Questo è uno dei film ☐ (divertente) che io abbia mai visto.
10. Questa è la stanza ☐ (spazioso) di tutta la casa.

72. Sostituire alle caselle la forma adatta del comparativo/ superlativo irregolare:

1. I risultati positivi conseguiti legittimano un sempre ☐ impegno promozionale sui mercati esteri.
2. Questo comportamento consente due cose: vacanze più tranquille grazie ad un ☐ servizio e ☐ presenze di turisti e costi contenuti rispetto al periodo di alta stagione.
3. L'automazione ha consentito una produzione ☐ in tempi ☐.
4. I suoi figli hanno fatto degli studi nelle ☐ università americane.
5. La donna italiana gode oggi di ☐ libertà.
6. Il Petrarca era soggetto a continui ripensamenti e ☐ contrasti.
7. Bisogna agire con la ☐ prudenza.
8. Per ☐ informazioni rivolgersi a:...
9. Questo è l'☐ grido.

73. Tradurre*:

1. Welches ist die meistindustrialisierte Region Italiens?
2. Wer ist der reichste Mann der Welt?
3. Das war die schlechteste Pizza, die ich je gegessen habe.
4. Das war die schwerste Entscheidung meines Lebens.
5. Antonella ist das hübscheste Mädchen in unserer Klasse.
6. Das Trentino-Alto Adige ist die ärmste Region Norditaliens.
7. Der Lago Maggiore ist der zweitgrößte See Italiens.
8. Alkoholismus ist die dritthäufigste Todesursache.
9. Die politische Lage war nicht die beste.
10. Wir müssen mit größtmöglicher Präzision arbeiten.
11. Das ist die faszinierendste Frau, die ich je kennen gelernt habe.
12. Das war das langweiligste Spiel, das ich je gesehen habe.
13. Meiner Meinung nach wäre das die schlechteste Lösung.
14. Der Verkäufer ist nicht der freundlichste.
15. Die dritte Aufgabe war die schwierigste.
16. Luigi Capuana ist der bedeutendste Theoretiker des Verismo.

74. Tradurre:

1. die harten Lebensbedingungen
2. bedeutende gesellschaftliche Veränderungen
3. die kurzen Seidenstrümpfe
4. ein eleganter schwarzer Hut
5. eine prächtige mittelalterliche Villa
6. die zahlreichen örtlichen Fabriken
7. große finanzielle Verluste
8. ein heftiger Frontalzusammenstoß
9. eine bessere Lebensqualität
10. eine gewaltige Geldsumme
11. eine hohe Arbeitslosenrate
12. der lange dunkelgrüne Rock
13. ein ehemaliges Franziskanerkloster
14. eine langweilige erste Halbzeit
15. eine kleine bequeme Couch
16. eine sehr schwierige Mathematikaufgabe
17. eine einsame alte Frau
18. eine wenig angenehme Überraschung
19. ein schönes eng anliegendes Kleid

75. Tradurre*:

1. ein talentierter Boxer
2. aktuelle Themen
3. der leblose Körper
4. die medizinische Fakultät
5. diesbezügliche Informationen
6. gesundheitliche Probleme
7. im übrigen Italien
8. eine luxuriöse Villa
9. ein genialer Künstler
10. ein verständiger Junge
11. eine schlüsselfertige Anlage
12. eine sehr gefährdete Region
13. eine unangebrachte Bemerkung
14. eine modische Kombination
15. in heiratsfähigem Alter
16. farbige Arbeiter
17. die englische Königin
18. ein zweizügiges Gymnasium
19. eine linke Bewegung
20. ein epochales Werk

76. Tradurre:

1. La famiglia rimane l'unico luogo di socializzazione dopo la caduta delle grandi ideologie.
2. Un caso unico in Europa: la metà dei maschi sotto la trentina vive clandestina coi genitori.
3. Sono figlio unico.
4. È una semplice domanda.
5. È un abito semplice che mi piace molto.
6. Abbiamo arredato la nostra casa con mobili antichi.
7. La biblioteca verrà sistemata in un antico monastero.
8. Ha chiamato un certo Silvio.
9. Conosci qualche rimedio certo contro l'emicrania?
10. Non si dicono certe cose!
11. Il nostro professore di ginnastica ha certi muscoli ...
12. Sei proprio una povera ragazza!
13. Vengo da un paese povero.

14. In questa strada ci sono solo negozi cari.
15. Tu sei il mio più caro amico.
16. Le persone curiose sono spesso indiscrete.
17. Sua moglie indossava un curioso abito da sera.

77. Siamo stanchi □. → Siamo stanchi morti*.

1. Mio zio è ricco □.
2. Sua sorella è brutta □.
3. Quella sera era ubriaco □.
4. Lo stadio era pieno □.
5. Suo fratello è povero □.

78. Come si dice?

1. noioso come una □	a) sole
2. bagnato come un □	b) betonica
3. brutto come la □	c) campana
4. nudo come un □	d) talpa
5. povero come □	e) stecco
6. segreto come una □	f) Giobbe
7. sano come un □	g) cane
8. contento come una □	h) zanzara
9. raro come una □	i) tomba
10. rosso come un □	j) verme
11. fedele come un □	k) mosca bianca
12. sordo come una □	l) fame
13. chiaro come il □	m) pulcino
14. cieco come una □	n) gallina
15. conosciuto come la □	o) fulmine
16. stupido come una □	p) Pasqua
17. bianco come la □	q) mulo
18. lento come una □	r) peperone
19. testardo come un □	s) mondo
20. veloce come il □	t) morto
21. pallido come un □	u) scarpa
22. vecchio come il □	v) pane
23. ignorante come una □	w) lumaca
24. buono come il □	x) pesce
25. magro come uno □	y) neve

Capitolo 11 **Il verbo** (§§ 164-182, 220-228, Anhang)

79. Completare con i verbi al presente:

1. Non ci ☐ (capire, 1. Sing.) niente.
2. I bambini ☐ (rimanere) a casa.
3. ☐ (Fare, 1. Sing.) colazione alle sette.
4. ☐ (Potere, 2. Sing.) venire domani?
5. Che ne ☐ (dire) voi?
6. ☐ (Spegnere, 1. Sing.) la televisione.
7. A che ora ☐ (partire, 2. Pl.)?
8. Non ☐ (sapere, 1. Pl.) cosa fare.
9. Dove ☐ (andare, 2. Sing.)?
10. ☐ (Venire, 2. Sing.) con me in discoteca?
11. ☐ (Volere, 1. Sing.) andare al cinema.
12. ☐ (Dovere, 1. Pl.) risparmiare.
13. Stasera ☐ (uscire, 1. Sing.) con Angelo.
14. I suoi ☐ (possedere) molti terreni.
15. Che libri ☐ (leggere, 2. Sing.)?
16. Non ☐ (avere, 1. Pl.) tempo.
17. I miei figli non ☐ (disporre) di molti soldi.
18. Si ☐ (volere) far vedere ciò che si ☐ (possedere).
19. Più di 20.000 italiani ☐ (morire) di alcol ogni anno.
20. Perché ☐ (mentire, 2. Sing.) ai tuoi genitori?
21. ☐ (Morire) tre compagni nostri sparati dalla polizia.
22. La caserma ☐ (riempirsi) di carabinieri.
23. ☐ (Salire, 1. Sing.) le scale di corsa.
24. Questo ☐ (costituire) un grosso problema.
25. Mia madre ☐ (pentirsi) di averglielo detto.
26. Mario, quanto ☐ (pagare) di affitto?
27. Ti ☐ (piacere) questi fiori?
28. Io ☐ (raccogliere) la chiave inglese e ☐ (riprendere) a lavorare.
29. Gramsci ☐ (morire) il 27 aprile in una clinica di Roma.
30. Molti giovani ☐ (scegliere) di non sposarsi.
31. Gli ☐ (far) vedere io quello che ☐ (valere)!
32. Spesso la gente non ☐ (aprire) la porta.
33. Ti ☐ (volere, 3. Pl.) al telefono.
34. Anche se ☐ (giocare, 3. Pl.) male, ☐ (vincere).
35. Che cosa ☐ (dire) i tuoi genitori?

80. Mettere il testo al presente:

La guardai dallo specchio, incapace di profferire parola, e feci cenno di sì con la testa. Allora lei mi prese per mano, mi guidò verso uno dei gabinetti liberi e mi disse: «Io e te dobbiamo parlare». Appena giunte, lei si sedette sulla tazza del cesso e accavallò le gambe, poi prese una sigaretta, l'accese e tirò un forte sospiro, mentre la sua bocca assumeva la forma di un cuore tremolante tutto rosso. Sbatté un po' le ciglia, sporse la mano libera all'infuori, come se tenesse un paralume a mezz'aria, mi guardò fissa negli occhi e disse: «Non è difficile, basta solo un po' di buona volontà, se vuoi, ti posso insegnare».
(L. Cardella)

81. Mettere il testo al presente storico:

Francesco Stefano di Lorena (1737-1765) e soprattutto il figlio Pietro Leopoldo (1765-1792) □ (fare) dei grandi cambiamenti: □ (ridurre) le spese di corte, □ (togliere) alcune tasse, □ (abolire) la pena di morte, □ (istituire) scuole pubbliche e □ (favorire) i commerci.
Nel 1799 le truppe di Napoleone Buonaparte □ (occupare) Firenze, cacciando i Lorena. Ma dopo la sconfitta e l'esilio dell'imperatore francese, nel 1841, i Lorena □ (tornare) a governare la città, anche se □ (dovere) fronteggiare non pochi tentativi di rivoluzione popolare. Finché, nel 1859 i Lorena □ (abbandonare) Firenze. Con una votazione a cui □ (partecipare) tutto il popolo, i toscani □ (decidere) di entrare a far parte del regno di Piemonte-Sardegna. Tra il 1865 e il 1871 Firenze □ (divenire) la capitale del regno d'Italia. Da questo momento la città □ (essere) ampliata e trasformata: si □ (distruggere) le antiche mura, □ (scomparire) centinaia di abitazioni, vicoli, torri e piccole chiese che □ (lasciare) il posto a grandi viali alberati e "decorosi" palazzi. Durante la seconda guerra mondiale la città □ (subire) numerose devastazioni: nell'agosto del 1944 le truppe naziste in ritirata □ (minare) e □ (far) saltare tutti i ponti, tranne ponte Vecchio. (Stefano Filipponi – Annalisa Fineschi, I bambini alla scoperta di Firenze, Fratelli Palombi Editori, 1998, p.77; Il testo originale è al passato remoto)

82. Mettere all'imperfetto:

1. Ci vado spesso.
2. Non può partecipare alla corsa.
3. Non lo sai?

4. Non possiedo un vestito adatto.
5. Lo dicono sempre.
6. I Giacomini sono a casa.
7. La sua ragazza proviene da una famiglia di medici.
8. Devono lavorare.
9. Che cosa vuoi fare?
10. Non ne abbiamo voglia.
11. Rimango al mare.
12. Gli diamo sempre qualcosa.
13. Faccio il cameriere.
14. Non ne posso più.
15. Escono di casa alle sette.
16. Devi aiutarlo.
17. Non ne traggono alcun profitto.
18. Si siede sempre qui.
19. Non vuole dirtelo.
20. Non beviamo molto.
21. Siamo stanchi morti.
22. I figli vengono a trovarci ogni domenica.
23. Prima faccio colazione, poi mi metto a studiare.
24. Non potete trovare un'altra soluzione?
25. I genitori non stanno bene.

83. Mettere il testo all'imperfetto:

Tutti i bambini che nascono da una schiava, chiunque sia il padre, sono proprietà del padrone, come i piccoli delle sue bestie; il padrone può decidere di allevarli in casa o di lasciarli nelle mani dei mercanti di schiavi o anche di ucciderli. Così il numero degli schiavi è sempre molto alto e in città vengono occupati nelle attività più diverse. In casa i meno istruiti svolgono i lavori domestici, i più istruiti insegnano a leggere e a scrivere ai figli del padrone o addirittura amministrano i suoi beni. Molti lavorano nelle botteghe come falegnami, orafi, sarti, ma ci sono anche schiavi che fanno gli attori, i medici, gli architetti. Più dura è la vita degli schiavi che lavorano in campagna dove devono fare lavori faticosi, con punizioni molto severe. Più dura ancora la vita degli schiavi che lavorano nelle miniere e che sono di solito i più ribelli.

(M. C. Peccianti, Storie della storia d'Italia; il testo originale è all'imperfetto)

84. Mettere il testo all'imperfetto:

Angelina è molto libera, organizza tante feste, alle quali, certo, solo poche ragazze vanno, ma piene di allegria e di musica; esce quando vuole, e mai da sola: ci sono sempre tre, quattro ragazzi pronti ad accompagnarla; porta i pantaloni stretti a tal punto che le forme sembrano traboccare e le gonne corte e a campana, gonfie, quasi sempre di organza, che al minimo soffio di vento si alzano e le si vedono tutte le gambe, e lei ride, con i denti bianchi bianchi e le labbra rosse. Guarda tutti in faccia, gli occhi negli occhi e non li abbassa mai, neppure quando i professori la rimproverano.

(L. Cardella; il testo originale è all'imperfetto)

85. Mettere al passato remoto:

1. Improvvisamente scompaiono.
2. Peppone si mette i pugni sui fianchi.
3. Le due sorelle guardano il ragazzo.
4. Giovanni Boccaccio nasce nel 1313.
5. Nel 1350 il Boccaccio conosce personalmente il Petrarca.
6. Lo scrittore milanese pubblica tre versioni del suo romanzo.
7. Il terzo ladro prende l'asino e se lo porta via.
8. I terremoti colpiscono aree molto estese.
9. Il 6 maggio 1976, alle nove di sera, la terra friulana è scossa da un tremendo terremoto, che uccide quasi mille persone e distrugge Gemona e molti altri paesi.
10. Spesso si devono registrare conseguenze negative.
11. Mi dispiace doverti deludere.
12. Galileo viene arrestato e minacciato di scomunica per le sue teorie sul cosmo.
13. Leonardo da Vinci muore lontano dalla patria ad Amboise in Francia.
14. In venti mesi Michelangelo dipinge a Roma la Cappella Sistina.
15. Il padre non va in collera, ma abbraccia il figlio e si commuove e piange assieme a lui.
16. Due malviventi aggrediscono un vecchietto davanti al portone di casa sua.
17. L'idea piace al direttore.
18. Salvatore Quasimodo vince il premio Nobel nel 1959.
19. La scuola rimane inagibile per qualche giorno.

20. Appena lo vede, gli corre incontro.
21. A Caprera Garibaldi coltiva i suoi interessi giovanili per le lettere, scrive le sue memorie, compone poesie in italiano e francese e tre romanzi.
22. Silvio Pellico, scrittore e patriota, vive per un periodo a Milano dove stringe amicizia con Ugo Foscolo e Vincenzo Monti.
23. Il padrone si toglie una chiave di tasca, la gira nel malandato lucchetto della porta e la apre.
24. Le popolazioni barbariche, che invadono l'Impero a partire dal IV secolo, introducono i loro usi e costumi, la loro lingua, le loro leggi.
25. I genitori non dicono niente.
26. Questo fenomeno assume dimensioni allarmanti.
27. L'incidente avviene per l'improvviso scoppio di una gomma.
28. Vi sono numerosi scontri fino a che si giunge a una pacificazione.
29. Il padre scatta in piedi e dà uno schiaffo al figlio.
30. Nel 1377 il papa Gregorio XI decide di riportare la sede pontificia a Roma.
31. Con la battaglia di Fossalta del 1249, Bologna conquista un ruolo di grande prestigio tra i Comuni dell'Emilia Romagna, poiché sconfigge e fa prigioniero re Enzo, figlio dell'imperatore Federico II.
32. Ci rispondono per iscritto.
33. Il ragazzo finalmente sorride.
34. La donna si dirige verso di lei come una furia.
35. La scodella le cade dalle mani.
36. Non posso fare a meno di ridere.
37. Le lampade si spengono, tutti si muovono e circolano.
38. La madre esce di corsa dalla stanza.
39. La ragazza rimane ad aspettare.

86. Mettere il testo al passato remoto:

Nel periodo delle Signorie tutta la Toscana è sotto il governo dei Medici e la città di Firenze conosce il suo massimo splendore. Dopo i Medici, altri Signori governano la regione ed essa rimane uno Stato autonomo fino al 1860, quando i toscani, in modo del tutto pacifico, decidono di unirsi ad altre regioni per formare il Regno d'Italia.
(Peccianti, Regione per regione; il testo originale è al passato remoto)

87. Mettere il testo al passato remoto:

Diogene, il famoso filosofo, cade un giorno in acqua. Ne esce completamente bagnato e si mette al sole per asciugarsi.

In quel momento passa Alessandro di Macedonia che, vedutolo mezzo nudo gli dice:

- Domandami ciò che vuoi ed io te lo darò.

- L'unica cosa di cui ho bisogno - risponde il filosofo - è che ti tolga dal sole e mi lasci asciugare.

88. Mettere il testo al passato remoto:

Dante Alighieri nasce nell'anno 1265 nella bella città di Firenze. Passa i primi anni della sua giovinezza nello studio della poesia, della lingua, della filosofia, della fisica e di tutte le scienze del suo tempo. Prende parte alla vita politica della sua città e nel 1300 diviene priore di Firenze. L'anno successivo va come ambasciatore della sua città presso Papa Bonifacio VIII. Ma mentre è (→ imperfetto) a Roma, i suoi nemici lo accusano ingiustamente e lo condannano a restare sempre lontano da Firenze. Non torna più nella sua amata e odiata Firenze e vive tutti gli anni della sua vita lontano dalla sua città, lontano da tutte le sue cose più care, ospite di importanti famiglie italiane. Muore a Ravenna il 14 settembre 1321.

89. Mettere il testo al passato remoto:

Nel 1348 Firenze è colpita dalla peste. La città è sconvolta, migliaia di persone muoiono a causa della terribile malattia. Dieci giovani di ricca famiglia, per evitare il contagio, fuggono da Firenze e si ritirano in una villa sulle colline vicine. Restano là per due settimane e trascorrono il tempo con svaghi piacevoli, banchetti, balli e conversazioni. Decidono inoltre di riunirsi ogni giorno, tranne il sabato e la domenica, per raccontarsi delle novelle, una per ciascuno.

90. Mettere il testo al passato remoto:

Un asino con un carico di sale, nel traversare un fiume scivola e cade in acqua. Il sale si scioglie, e quando l'asino può rialzarsi e si sente più leggero, è molto lieto dell'accaduto. Dopo qualche tempo l'asino arriva di nuovo in riva a un fiume, ma questa volta con un carico di spugne. Pensa di ripetere il gioco e si lascia cadere apposta. Le spugne s'imbevono d'acqua e divengono pesantissime: l'asino non si può più sollevare e muore annegato.

91. Mettere al passato prossimo:

1. Dove vai?
2. Cosa fate?
3. Ti piace la polenta?
4. Bastano i soldi?
5. Piove?
6. I bambini corrono a casa.
7. Quante ore dura il viaggio?
8. Suo fratello vive a Roma.
9. Scendo le scale.
10. Devo scendere in cantina.
11. Ci voglio andare.
12. Non posso andarci.
13. Mio nonno viaggia molto.
14. Lì conosce la sua ragazza e lì si sposano.
15. Spegni la televisione?
16. Perché non venite?
17. Prendo un digestivo.
18. Che cosa dicono?
19. Suo fratello conduce una vita eccentrica.
20. Rimango in casa tutto il giorno.
21. Che cosa gli offri da bere?
22. I meridionali vengono accusati di aver importato la mafia al nord.
23. Perché non chiedi?
24. Ci metto due ore a riparare la bicicletta.
25. Maria compie vent'anni.
26. Ci voglio essere anch'io.
27. Interessante ci sembra conoscere il parere degli italiani stessi.
28. Il 30% assume una posizione incerta.
29. Il tempo libero aumenta.
30. Una tale legge non esiste.
31. Come può succedere?
32. A Mario vengono le lacrime agli occhi.
33. La bambina arrossisce.
34. Il ragazzo stringe i pugni.
35. Salvatore Quasimodo vince il premio Nobel nel 1959.
36. Mi occorrono molti soldi.
37. Gli tolgono tutto.

92. Mettere al passato prossimo:

1. Tutti gli corrono incontro.
2. Scendono le scale.
3. Succede un fatto curioso.
4. Migliaia di persone muoiono di epidemia.
5. Il preside lo interrompe.
6. Questo lavoro mi costa molta fatica.
7. Voglio esserci anch'io.
8. Non ci scrive mai.
9. Il signore trae di tasca la chiave.
10. In parte sopravvivono anche le differenze regionali.
11. Solo nel 1954 Trieste tornò sotto l'amministrazione italiana.
12. La tecnica non fu mai trascurata da Michelangelo.
13. La ragazza depone al processo.
14. Alla fine il ragazzo viene messo alla porta.
15. Ne vale la pena?
16. Li lascio andare su, e poi salgo anch'io.
17. Il problema assume dimensioni preoccupanti.
18. Possiamo partire subito.
19. Ne soffre tutta la famiglia.
20. La situazione cambia in meglio.
21. Li seguo con gli occhi.
22. Risaliamo le scale.
23. Non nuotiamo nell'oro.
24. Numerose persone vengono lasciate ai margini della società.
25. Il costo della vita aumenta.
26. Improvvisamente scompaiono tutti.
27. I normanni riescono a diventare signori di tutta l'isola.
28. Il Decamerone viene immediatamente accolto come capolavoro.
29. Il 6 maggio 1976, alle nove di sera, la terra friulana è scossa da un tremendo terremoto, che uccide quasi mille persone.
30. Questi pantaloni costano cari.
31. Questi fiori durano poco.
32. Dal loro peso dipende l'ordine politico del mondo.
33. Le indagini della magistratura e le confessioni dei pentiti inferiscono duri colpi alle cosche.
34. In venti mesi Michelangelo dipinge a Roma la Cappella Sistina.
35. Camminammo in silenzio.

93. Mettere il testo al passato prossimo:

Finalmente li incontrammo e ci sedemmo tutti su una panchina. Enzo salutò Angelina, toccandole il seno, e Nicola pensò di fare altrettanto. Angelina lasciò fare. Io lasciai fare. Enzo la baciò, si baciarono. Michele mi baciò, ci baciammo. (L. Cardella)

94. Mettere al futuro:

1. Ha cinquant'anni.
2. È a casa.
3. Il viaggio dura dieci ore.
4. I suoi non lo sanno.
5. Non lo pago.
6. Viene anche Silvio?
7. Non mantengono le loro promesse.
8. Non lo beve.
9. Chi corre i cento metri?
10. A che ora arrivano?
11. Li vediamo domani.
12. Mi iscrivo al corso d'inglese.
13. Non lo mangio.
14. Il ministro si reca a Roma.
15. Devo riscrivere la lettera.
16. A me bastano 50 euro.
17. Ce la fai?
18. Ci vuole molto tempo.
19. Quanto tempo rimangono?
20. Se ne devono andare.
21. Domani non possiamo giocare.
22. Non ci tiene molto.
23. Ci aiutate?
24. Questi alberi vengono abbattuti.
25. Provvedo a tutto io.
26. Questo pone molti problemi.
27. Non me lo dicono.
28. Oggi pomeriggio andiamo in piscina.
29. Che ore sono?
30. Viene anche tuo fratello?
31. L'idea piace al direttore.

95. Mettere il testo al futuro:

Nel corso del XIV sec. la splendida Firenze deve affrontare molte situazioni difficili. Ci sono continue guerre contro le città vicine, grosse crisi finanziarie delle sue banche e una terribile epidemia di peste (1348) che riduce di molto la popolazione cittadina. In questo clima di crisi generale esplode una rivolta popolare divenuta famosa come «tumulto dei Ciompi». Il successo dei lavoratori è tuttavia di breve durata e le poche famiglie che contano (gli Albizi, gli Alberti, i Medici ed altri) tornano a governare la bella città di Dante.

(M. C. Peccianti, Storie della storia d'Italia; il testo originale è al futuro)

96. Mettere al condizionale:

1. Non lo faccio.
2. Non lo dice a nessuno.
3. Veniamo anche noi.
4. Non lo bevo.
5. Devono studiare di più.
6. Voglio ballare con Maria.
7. Puoi darmi una mano?
8. Sono contenti.
9. Hai due euro?
10. Accettate l'offerta?
11. Bisogna aiutarli.
12. Non ci vanno.
13. Non ne vale la pena.
14. Ai produttori italiani viene dato un risarcimento.
15. Non te lo sa dire.

97. Mettere al plurale:

1. Che ne dici?
2. Oggi non esco.
3. Dove vai?
4. Devo essere puntuale.
5. Fece finta di dormire.
6. Ho fame.
7. Lo vedrai.
8. Non lo sapevi?
9. Mi misi a piangere.
10. Al tuo posto non lo farei.

11. Cosa vuoi da Marco?
12. Questa poesia mi piace tanto.
13. Ci mandò a letto.
14. Cosa farai domani?
15. Rimasi a casa.

98. Mettere al singolare:

1. Perché non prendete il treno?
2. Riuscirete a convincerlo?
3. Che cosa fareste al mio posto?
4. A che ora uscite?
5. Veniamo anche noi.
6. Che cosa volete da me?
7. Per dove partite?
8. Dobbiamo finire questo lavoro entro giovedì.
9. Domani non possono venire.
10. Ci andremo sabato.
11. Quanto pagate di affitto?
12. Possediamo case e terreni.
13. Non lo sappiamo.
14. Gli scrivemmo una lettera.

99. Mettere il testo al passato:

Primo giorno di scuola

☐ (Essere) il mese di settembre, le vacanze ☐ (essere) finite e ☐ (bisognare) ritornare a scuola. Io ☐ (uscire) di casa per andare nella scuola nuova. Quando ☐ (arrivare) ☐ (rimanere) sorpresa di vedere una scuola enorme con una folla di ragazzi e di ragazze. Con un po' di tremarella ☐ (cercare) la mia nuova classe. Quando la ☐ (trovare) ☐ (vedere) che ☐ (esserci) già tanti bambini. ☐ (Essere) un po' emozionata e preoccupata perché non ☐ (conoscere) nessuno.
Poi ☐ (entrare) Paola, una bambina che abita vicino a casa mia, e allora ☐ (sedersi) e ☐ (diventare) amiche. Le nostre nuove maestre ☐ (essere) molto simpatiche e ci ☐ (far) fare dei giochi divertenti.
Io però non ☐ (vedere) l'ora di ritornare a casa.
(Ernesto Valsesia, Bravissimo in italiano! Temi svolti per la III elementare, De Vecchi Editore, Milano, 1988, p.62)

100. Mettere il testo al passato:

Quando la mamma □ (morire) tu □ (avere) venticinque giorni, □ (essere) ormai lontano da lei, sul colle. I contadini che ti □ (custodire) ti □ (dare) il latte di una mucca pezzata; ne □ (avere) anch'io una volta che □ (venire, 1. Pl.) a trovarti con la nonna. □ (Essere) un latte denso, tepido, un po' acre, mi □ (disgustare); il disgusto □ (essere) tale che lo □ (ributtare), sporcandomi il vestito: la nonna mi □ (dare) uno schiaffo. A te quel latte □ (piacere), ne □ (essere) ghiotto, ti □ (giovare). □ (essere) un bambino bello grasso, biondo, con due grandi occhi celesti. "Il ritratto della salute" □ (dire) la nonna alle inquiline, □ (asciugarsi) gli occhi eternamente umidi di pianto.
(V. Pratolini)

101. Mettere il testo al passato:

Un giovane impiegato una notte □ (commettere) una rapina senza rendersene conto. Durante il recente sciopero dei mezzi pubblici, □ (stare) tornando a casa dal lavoro attraverso il parco. □ (Essere) già tardi ed □ (essere) solo. A metà strada □ (vedere) qualcuno che gli □ (venire) incontro; ci □ (essere) un momento di paura; lui □ (scartare) di lato, e lo sconosciuto □ (fare) altrettanto.
Ma poiché entrambi □ si (essere) spostati dalla stessa parte, incrociandosi □ (scontrarsi). Poco dopo l'impiegato si □ (rendere) conto che non □ (potere) trattarsi di un caso, e □ si (portare) la mano al portafoglio. □ (Essere) scomparso! Con uno scoppio di rabbia □ (rincorrere) il borsaiolo, lo □ (agguantare), lo □ (scuotere), reclamando il portafoglio. L'uomo glielo □ (consegnare).
Quando il giovane □ (arrivare) a casa, la prima cosa che □ (vedere) □ (essere) il suo portafoglio rimasto sul letto! La mattina il giovane □ (avere) lasciato sul letto il suo portafoglio, se ne □ (essere) dimenticato e quindi □ (avere) compiuto una rapina.

102. Mettere il testo al passato:

Il calore del cuore

I due giovani struzzi □ (essere) disperati. Ogni volta che si □ (mettere) a covare le uova, il peso del loro corpo le □ (rompere).
Un giorno □ (decidere) di andare a chiedere consiglio ai loro genitori che □ (abitare) dall'altra parte del deserto.
□ (Correre) per molti giorni e molte notti, e finalmente □ (arrivare) al nido della vecchia madre.

- Madre - □ (dire) - siamo venuti a chiederti come possiamo fare per covare le uova. Ogni volta che ci proviamo si rompono. -
La madre li □ (ascoltare), poi □ (rispondere):
- Ci vuole un altro calore. -
- E quale? - □ (domandare) gli struzzi.
- Il calore del cuore. Voi dovete guardare le vostre uova con amore, pensando alla creatura che ci dorme dentro; lo sguardo e la pazienza la risveglieranno.
Gli struzzi □ (ripartire), e quando la femmina □ (avere) deposto un altro uovo, si □ (mettere) a guardarlo con amore, senza perderlo mai di vista.
□ (Passare) così molti giorni; quando, ormai, □ (essere) allo stremo delle forze l'uovo □ (incominciare) a cigolare, si □ (incrinare), si □ (rompere) e una piccola testa di struzzo □ (fare) capolino dal guscio.
(Leonardo da Vinci)

103. Mettere il testo al passato:
Un giorno il maestro di cappella della basilica di Santa Maria Maggiore di Roma, mentre □ (stare) per uscire dalla chiesa, □ (essere) gradevolmente sorpreso dalla voce di un ragazzo che, passando davanti alla chiesa stessa, □ (cantare) una canzone popolare campagnola. Affrettandosi perciò, □ (trovare) a poca distanza il ragazzo che □ (cantare) ancora, e avvicinatolo, □ (sapere) che □ (essere) di Palestrina e che □ (venire) a Roma per vendervi i prodotti della campagna. Favorevolmente impressionato, il maestro di cappella □ (domandare) al ragazzo se □ (volere) studiare musica. Il ragazzo □ (rispondere) che ne □ (avere) voglia, ma non ne □ (avere) i mezzi. Allora il maestro □ (offrirsi) di dargli gratuitamente delle lezioni, di che il ragazzo □ (mostrarsi) molto soddisfatto. Quel ragazzo □ (essere) Pierluigi di Palestrina.

104. Mettere il testo al passato:
Tuda □ (arrivare) una sera a Roma insieme con il comparetto e io □ (andare) a prenderla alla stazione. Al primo sguardo, □ (capire) che □ (essere) di buona razza ciociara, proprio di quelle che sono capaci di zappare per una giornata filata senza rifiatare, oppure di portare sulla testa, per i sentieri di montagna, un cesto del peso di mezzo quintale. Ci □ (avere) le guance rosse che □ (piacere) al professore, la treccia arrotolata intorno la testa, le sopracciglia nere, unite che le

☐ (sbarrare) la fronte, il viso tondo e, quando ☐ (ridere), ☐ (mostrare) i dentini bianchi, stretti stretti, che le donne, in Ciociaria, si puliscono strofinandoci una foglia di malva. Non ☐ (essere) vestita da ciociara, è vero, ma ☐ (avere) il passo della ciociara che è abituata a poggiare la pianta del piede in terra, senza tacchi, e ☐ (avere) quei polpacci muscolosi che sono tanto belli con le cinghie delle cioce arrotolate intorno. ☐ (Portare) sotto il braccio un panierino, e mi ☐ (dire) che ☐ (essere) per me: una dozzina di uova di giornata, ricoperte di foglie di fico. Le ☐ (dire) che ☐ (essere) meglio che le ☐ (dare) al professore, per fare buona impressione; ma lei mi ☐ (rispondere) che non ☐ (avere) pensato al professore, perché trattandosi di un signore, ci ☐ (dovere) di certo avere il pollaio in casa. Mi ☐ (mettere) a ridere e, così, da una domanda all'altra, mentre in tram ☐ (andare, 1. Pl.) verso casa, ☐ (capire) che ☐ (essere) proprio una selvaggia: non ☐ (avere) mai visto un treno, un tram, una casa di sei piani. Insomma, analfabeta, come ☐ (volere) il professore.
(A. Moravia)

105. Mettere il testo al passato:

Quando don Abbacchio ☐ (arrivare) alla lettura del Vangelo si ☐ (volgere) verso di noi e ci ☐ (annunciare) una piccola predica su San Giuseppe da Copertino. Noi ☐ (conoscere) la sua storia, ma ci ☐ (piacere) di ascoltarla sempre di nuovo. Questo santo dunque ☐ (essere) un cafone e si ☐ (fare) frate, ma non ☐ (riuscire) mai a imparare il latino; quando gli altri frati ☐ (recitare) i salmi, egli ☐ (rendere) onore alla Vergine, dovunque si ☐ (trovare), anche in chiesa, facendo capriole. Maria Santissima ☐ (dovere) divertirsi un mondo a quello spettacolo innocente e per incoraggiarlo e premiarlo gli ☐ (dare) il dono della levitazione. Da quel momento le sue capriole ☐ (arrivare) senza difficoltà fino al soffitto. San Giuseppe da Copertino ☐ (morire) in età avanzata, dopo una vita di dure privazioni. Si racconta che quando egli ☐ (comparire) di fronte al trono divino, Iddio che lo ☐ (conoscere) di fama perché ne ☐ (avere) sentito tante volte parlare dalla Vergine e che perciò gli ☐ (volere) bene, lo ☐ (abbrac-ciare) e gli ☐ (dire):
«Tutto quello che vuoi, lo metto a tua disposizione. Non vergognarti di domandarmi quello che più ti piace.»
Il povero Santo ☐ (rimanere) assai turbato da quella offerta:

«Posso domandare qualunque cosa?» ☐ (chiedere) timidamente.
«Qualunque cosa» gli ☐ (rispondere) il Padre Eterno incoraggiandolo. «Quassú in cielo comando io. Quassú posso fare quello che mi pare. E ti voglio veramente bene; qualunque cosa mi domanderai, ti sarà concessa.»
Ma San Giuseppe da Copertino non ☐ (osare) esporre la sua richiesta. Egli ☐ (temere) che i suoi desideri immoderati ☐ (suscitare) la collera del Signore. Solo dopo molte insistenze da parte di Lui e dopo che Lui gli ☐ (avere) dato la parola d'onore che non ☐ (arrabbiarsi) , il Santo ☐ (esporre) quello che ☐ (desiderare):
«Signore, un gran pezzo di pane bianco.»
Iddio ☐ (mantenere) la sua parola e non ☐ (andare) in collera, ma ☐ (abbracciare) il santo cafone e si ☐ (commuovere) e ☐ (piangere) assieme a lui. Poi, con la sua voce tonante, ☐ (chiamare) dodici angeli e ☐ (ordinare) loro che, ogni giorno, dalla mattina alla sera, «*per omnia saecula saeculorum*», ☐ (rifornire) San Giuseppe da Copertino del miglior pane bianco che si ☐ (cuocere) in paradiso.
(I. Silone)

106. Mettere il testo al passato (a partire da riga 5)**:**
I frati minori, in certi periodi dell'anno, usano far vigilia come di quaresima, e durante quei giorni, in convento, non mangiano carne. Ma quando sono in viaggio, siccome vivono di elemosina, hanno licenza di mangiare tutto ciò che la provvidenza mette loro nel piatto.
Ora avviene che una coppia di questi frati, essendo in viaggio, s'imbatte per caso all'osteria con un mercantuolo da strapazzo che siede alla stessa tavola.
L'oste, che è povero e senza provviste, non ha da mettere sul fuoco altro che un pollastrello poco più grosso di un piccione; e quando è cotto lo porta in tavola perché i tre commensali se lo dividano.
Il mercantuolo, giudicando che quel pollo non basterà neanche a lui solo, si rivolge ai frati e dice:
- Se ricordo bene, voi, in questo periodo, fate vigilia, e nei vostri conventi non mangiate carne. -
A queste parole i frati sono costretti, per la loro regola, ad ammettere che è vero, senza star troppo a sottilizzare sulle eccezioni per chi è in viaggio; e così il furbo mercantuccio si mangia tutta la pollastra e i frati si devono contentare di un po' di pane e di una crosta di formaggio.

Dopo aver desinato, i commensali ripartono tutti e tre insieme; e fatte alquante miglia di strada trovano un fiume abbastanza largo e profondo. Sono tutti e tre a piedi – i frati per la povertà e l'altro per l'avarizia – sicché è necessario, com'è in uso a quei tempi, che uno dei frati, essendo scalzo, prenda sulle spalle quel mercantuolo: e perciò, dopo avergli dato a tenere in mano gli zoccoli, il frate più robusto se lo carica addosso. Ma quando è nel mezzo del fiume, il frate si ricorda ancora della sua regola, e fermatosi, come un San Cristoforo, alza la testa verso l'uomo che gli pesa sulla spalle e dice:
- Dimmi un po', tu, non avrai mica denari addosso? –
- Che domanda! – risponde quello. – Lo dovresti sapere anche da te. Vorresti forse che un mercante serio come me andasse in giro senza denari? -
- Ahimè! – esclama il frate. – La nostra regola ci vieta di portare denaro addosso. – E così dicendo lo butta nell'acqua.
Il mercante, bagnato da capo a piedi, ammette che la vendetta dei frati all'ingiuria subita a tavola era giusta, ed arrossendo un po' per la vergogna prende la cosa a ridere. (Leonardo da Vinci)

107. Mettere il testo al passato:

Leonardo e la testa di Giuda

Leonardo da Vinci deve dipingere il Cenacolo nel refettorio del convento di Santa Maria delle Grazie a Milano; ed è già da molto tempo che ci lavora intorno. Ma, siccome spesso sta meditando innanzi a quel dipinto senza altrimenti lavorare, il priore del convento, credendo che gli artisti debbano lavorare sempre, come gli operai presi per coltivare l'orto, va a lamentarsene col duca Lodovico il Moro, il quale fa chiamare Leonardo e gli riferisce ciò che il priore ha detto. Leonardo gli spiega allora che l'artista lavora anche quando pare che non faccia nulla; e nell'occasione sua dice che egli ha quasi finito il dipinto, ma gli mancano ancora due teste che gli danno molto pensiero. L'una è quella di Cristo, che deve esprimere una bellezza celestiale, quale non si trova in terra; l'altra quella di Giuda, che deve esprimere la bassezza morale, l'ingratitudine, la malvagità umana. Ora però ha risolto uno dei problemi che lo preoccupano, perché per Giuda metterà la testa stessa del priore. Il duca ride molto di questa risposta.

Capitolo 12 Il verbo riflessivo (§§ 183-189)

108. Completare:

1. □ dobbiamo sbrigare.
2. Non □ è ancora alzata.
3. □ addormento subito.
4. Dove □ siete conosciuti?
5. Sono tornata a sposar□ nel 1986.
6. Come □ chiami?
7. □ sono innamorato di Silvia.
8. Perché □ siete separati?
9. □ voglio riposare un po'.
10. Alzate□!

109. Mettere al plurale:

1. Mi alzo sempre alle sette.
2. Ti sei già vestito?
3. Sbrigati un po'!
4. Dove si è nascosta?
5. Si è fermato al secondo semaforo.
6. La fiamma si è spenta.
7. Vado a cambiarmi.
8. Mio figlio si è già addormentato.
9. Mi sono molto divertito.
10. Non scoraggiarti!
11. Mi mantengo giovane.
12. Non si preoccupi!
13. Devo alzarmi alle sei.
14. Si accomodi!
15. Te ne saresti andata?

110. Mettere al passato prossimo:

1. A che ora vi alzate?
2. Oggi non mi riposo.
3. Luigi e Marilena si sposano in maggio.
4. Perché te ne vai?
5. Non ci parliamo mai.
6. Ti metti la gonna blu?

7. I bambini non si vogliono lavare.
8. Mi faccio la barba.
9. I ministri non si dimettono.
10. Non mi oppongo al suo matrimonio.
11. Gli italiani si muovono di più, ma riducono il periodo del soggiorno.
12. La gente se ne va in silenzio.
13. La donna si nasconde la faccia tra le mani.
14. La donna si mette a ridere ed esce.
15. Qualche volta si adottano strategie combinate.
16. Un'inquietudine si diffonde nel mondo giovanile.
17. I banchieri si arricchiscono rapidamente.
18. Il potere economico si traduce in potere politico.
19. Cresce la produzione e si aprono gli scambi.
20. Lo sciopero si estende anche a Parigi.
21. Le strutture si rivelano insufficienti.
22. Si contrae il mercato di prodotti infantili.
23. I rapporti tra le diverse parti del mondo si fanno più intensi.
24. Le proposte si insabbiano e si perdono.
25. Le bande organizzate si moltiplicano a causa degli altissimi guadagni.
26. Non ce ne rendiamo nemmeno conto.
27. La condizione della donna si va modificando.
28. Si comincia a far strada l'idea che un giorno la mafia possa essere definitivamente sconfitta.
29. Ci sediamo su una panchina.
30. Si conoscono appena.
31. Si conservano certe particolari caratteristiche.
32. Si scambiano gli indirizzi.
33. Sua moglie si veste sempre con molto gusto.
34. Si giurano eterno amore.

111. Tradurre:

1. Habt ihr euch schon gewaschen?
2. Ich will mich ein bisschen ausruhen.
3. Ich gehe mich umziehen.
4. Dreh dich um!
5. Zuerst muss ich (mich) noch duschen.
6. Um wie viel Uhr stehst du normalerweise auf?

7. Heute Morgen bin ich um sechs Uhr aufgewacht.
8. Die Kinder sind sofort eingeschlafen.
9. Die Erde dreht sich um die Sonne.
10. Inzwischen hat sich die Lage verbessert.
11. Habt ihr euch geeinigt?
12. Wir haben uns nichts mehr zu sagen.
13. Du widersprichst dir ständig.
14. Ich getraue mich nicht, es ihr zu sagen.
15. Gedulden Sie sich bitte ein wenig!
16. Er kann sich nicht artikulieren.
17. Warum hat er sich umgebracht?
18. Ich habe mich noch nicht rasiert.
19. Schau dich im Spiegel an!
20. Ich will nicht, dass du dich in meine Angelegenheiten mischst.
21. Das Parlament setzt sich aus zwei Kammern zusammen.
22. Warum hast du dich von deinem Freund getrennt?
23. Ich kann mich getäuscht haben.
24. Ich muss mir die Hand gebrochen haben.
25. Der Minister ist nicht bereit zurückzutreten.

112. Tradurre*:

1. Die Stiefel haben sich schon bezahlt gemacht.
2. Ich weiß nicht, warum sie sich haben scheiden lassen.
3. Er bückte sich nach dem Taschentuch.
4. Warum hast du bei deiner Firma gekündigt?
5. Ich habe mich entschlossen, mich um diese Stelle zu bewerben.
6. Lasst euch nicht stören!
7. Ich habe es mir anders überlegt.
8. Stell dich nicht so an!
9. Mein Vater hielt sich immer von der Politik fern.
10. Das lohnt sich nicht.
11. Dort haben wir uns zum ersten Mal geliebt.
12. Der Außenminister hat sich von diesem Bericht distanziert.
13. Übernimm dich nicht!
14. Er drängt sich immer vor.
15. Da hast du dich aber ganz schön blamiert!
16. Ich habe mich mit einer Arbeit über Dante habilitiert.
17. Wir haben uns für fünf Uhr verabredet.

18. Er hat sich nicht ausweisen können.
19. Ich bin mir meiner Sache absolut sicher.
20. Ich habe mir etwas in mein Heft notiert.
21. Ihr Sohn hat Selbstmord begangen.
22. Du könntest dir ein Beispiel an ihm nehmen.
23. Wie kann ich mich für den Gefallen revanchieren?
24. Wie kann ich mich revanchieren?
25. Ehe man sich's versieht, ist man entlassen.
26. Ich habe mir große Mühe gegeben.
27. Ich muss Klavier üben.
28. Die Diskussion zog sich bis spät in die Nacht hin.
29. Das hört sich gut an.
30. Ich fühle mich hier wohl.
31. Du hast dich dumm verhalten.
32. Mein Onkel wird sich nicht damit zufrieden geben.
33. Dieser Stoff fühlt sich sehr weich an.
34. Hake dich bei mir ein!
35. Viele Jugendliche kapseln sich ab.
36. Es lohnt sich nicht, in diesen Film zu gehen.
37. Unser Sohn hat sich mit der Tochter unseres Arztes angefreundet.
38. Lass dir Zeit!
39. Du täuschst dich darin.
40. Damit hat er sich alle Sympathien verspielt.
41. Sie versucht sich bei ihrem Chef einzuschmeicheln.
42. Er hat sich von seiner Familie abgekehrt.
43. Du kannst dich darauf verlassen.
44. Wir müssen uns auf einige Überraschungen gefasst machen.
45. Ich habe mich schon sehr gut eingelebt.
46. Paolo drückt sich vor jeder Arbeit.
47. Ich schere mich nicht darum.
48. Er hat sich bei ihr dafür entschuldigt.
49. Das sagt sich so leicht.
50. Ich habe mir den Magen verdorben.
51. Du hast dich ins gemachte Nest gesetzt.
52. Er setzt sich über alle Abmachungen hinweg.
53. Ich habe mir den Fuß verknackst.
54. Ich wende viel Zeit auf, um mich weiterzubilden.

113. Tradurre*:

1. Dieser Papst hat viel von sich reden gemacht.
2. Die Fakten sprechen für sich.
3. Es ist ihm gelungen, sich bei ihnen Gehorsam zu verschaffen.
4. An und für sich hast du Recht.
5. Bemitleide dich nicht selbst!
6. Er muss sich übergeben.
7. Unser Sohn hat sich noch nicht (von uns) abgenabelt.
8. Sie helfen sich bei den Hausaufgaben.
9. Die Sache an sich interessiert mich.
10. Das ist eine Sache für sich.
11. "Was für ein Dummkopf", dachte er bei sich.
12. Er hat sie zu sich eingeladen.
13. Sie ähneln sich wie ein Ei dem anderen.
14. Auf diese Weise schadet er sich und seiner Familie.
15. Sie ist auf die Terrasse gegangen, um sich zu sonnen.
16. Wir wechseln uns ab.
17. Der Ansager hat sich versprochen.
18. Davon verspricht er sich nicht viel.
19. Er sollte sich an seiner Schwester ein Beispiel nehmen.
20. Meiner Meinung nach hat sich mein Schwager übernommen.
21. Sie haben sich unter einer Arkade untergestellt.
22. Entschuldigen Sie, ich habe mich verwählt.
23. *Abbastanza* reimt sich auf *lontananza.*
24. Angela und ihr Mann wünschen sich ein Kind.
25. Man muss sich anstellen.
26. Mein Sohn muss sich röntgen lassen.
27. Ich muss mich einsingen.
28. Dieses Problem lässt sich leicht lösen.
29. Marco hört sich gern reden.
30. Dieser Text lässt sich in drei Teile einteilen.

114. Tradurre „einander“:

1. Wir sind für einander geschaffen.
2. Sie sind einander fremd geworden.
3. Sie helfen sich einander.
4. Die Schwestern sind voneinander abhängig.
5. Sie brauchen einander.

Capitolo 13 Il participio (§§ 190-196)

115. Completare con il participio presente:

1. Per molto tempo la scuola non si è preoccupata di fornire una preparazione □ (rispondere) alle richieste.
2. Trovate altre parole □ (fare) parte della stessa famiglia.
3. L'ecologia è la scienza che studia i rapporti tra gli organismi □ (vivere) in un ambiente naturale considerato dimora di tutti gli organismi.
4. Assistiamo a vari problemi, conflitti, resistenze, dato il notevole squilibrio economico □ (esistere) tra i paesi mediterranei e quelli dell'Europa settentrionale.
5. L'autore sottolinea il rapporto □ (intercorrere) tra famiglia e società e lo spazio vitale che la famiglia deve avere all'interno di questa.
6. L'istruzione superiore restava limitata a pochi giovani □ (provenire) dall'aristocrazia e dall'alta e media borghesia. Alcuni giovani particolarmente dotati, □ (appartenere) alla piccola borghesia e ai ceti operai e contadini, riuscivano con notevoli sacrifici a conseguire questo tipo di istruzione.

116. Sostituire il participio presente con una proposizione relativa:

1. La donna si recava tutti gli anni in una sua proprietà confinante con quella di Federigo.
2. Il crollo definitivo dell'impero romano avvenne quando ondate di nuovi popoli provenienti da più parti si stanziarono nella penisola italiana e nelle isole circostanti.
3. Bisogna abbandonare formule tradizionali non più rispondenti all'evoluzione e al progresso del mondo moderno.
4. Alcune mappe risalenti al XVIII secolo descrivono la presenza di una zona paludosa.
5. Se avete a disposizione del materiale illustrativo, contenente tutte le informazioni sul Vostro albergo, Vi pregherei di spedirmelo il più presto possibile.
6. Tra gli articoli della Costituzione riguardanti il mondo del lavoro è oggetto di particolare dibattito l'articolo 40, relativo al diritto di sciopero.

117. Tradurre*:

1. eine faszinierende Frau
2. eine vollkommen überzeugende Argumentation
3. der ausscheidende Präsident
4. die folgende Übung
5. der aus Rom kommende Zug
6. ein beunruhigendes Ereignis
7. der laufende Monat
8. ein befriedigendes Ergebnis
9. eine überraschende Nachricht
10. die geltenden Gesetze
11. eine erschütternde Erfahrung
12. die behandelnden Ärzte
13. eine dringende Angelegenheit
14. ein fesselnder Roman
15. eine kompromittierende Äußerung
16. eine imponierende Leistung
17. eine galoppierende Inflation
18. die nervenaufreibenden Schlangen auf den Autobahnen
19. ein erfrischendes Getränk
20. ein durstlöschendes Getränk
21. eine ungenügende Note
22. ein praktizierender Katholik
23. die anwesenden/abwesenden Schüler
24. die fehlenden Seiten
25. ein beeindruckendes Schauspiel
26. ein schockierendes Verbrechen
27. fließendes Wasser
28. die kochende Milch
29. ein überragender Spieler
30. ein ermutigendes Ergebnis
31. eine enttäuschende Leistung
32. eine deprimierende Niederlage
33. eine lebende Legende
34. eine überwältigende Mehrheit
35. mit wachsendem Interesse
36. eine schleichende Krise
37. mit einer einladenden Geste

118. Tradurre*:

1. zwei sich widersprechende Aussagen
2. die betreffende Person
3. ein vielversprechender Junge
4. ein vielsagender Blick
5. der amtierende Meister
6. auf Gewalt, Korruption und Egoismus basierende Verhaltensmuster
7. die aussterbenden Arten
8. die um den Tisch herum sitzenden Kinder
9. ein schlecht passendes Gebiss
10. die hungernde Bevölkerung
11. ein schlafendes Kind
12. die arbeitende Bevölkerung
13. der passende Ausdruck
14. ein aufsehenerregendes Ereignis
15. ein Epoche machendes Werk
16. die Erdöl exportierenden Länder
17. Text mit gegenüberstehender Übersetzung
18. die Französisch sprechenden Länder
19. das aufnehmende Land
20. abstehende Ohren
21. begleitende Maßnahmen
22. eine ständig wachsende Weltbevölkerung
23. eine sich ständig verändernde Gesellschaft
24. die zur Verfügung stehende Zeit
25. ein warnendes Beispiel
26. ein fragender Blick
27. eine anstrengende Reise
28. die Dienst habende Apotheke
29. der Dienst habende Arzt
30. die Krieg führenden Länder
31. eine blühende Wirtschaft
32. eine gewinnbringende Tätigkeit
33. die kommende Generation
34. hochtrabende Worte
35. ein eng anliegendes Kleid
36. tief greifende soziale Veränderungen

37. bei passender Gelegenheit
38. nicht enden wollender Applaus
39. ein nicht wieder gutzumachender Fehler
40. der aufkommende Kapitalismus
41. die werdende Mutter
42. Er hat eine beginnende Glatze.
43. eine bezaubernde Person
44. ein platzraubender Schrank
45. die überwältigende Mehrheit
46. ein harntreibendes Mittel
47. die anschließende Diskussion
48. eine abwertende Bemerkung
49. ein reizendes Mädchen
50. einschneidende Maßnahmen

119. Tradurre*:

1. strafmildernde/straferschwerende Umstände
2. eine blühende Phantasie
3. ein überschäumendes Temperament
4. die entscheidende Schlacht
5. entwürdigende Zustände
6. unter sengender Hitze
7. bei abnehmendem/zunehmendem Mond
8. ein gewinnendes Lächeln
9. ein umwerfender Humor
10. ein mitreißendes Spiel
11. mit gebührender Achtung
12. in schwindelerregender Höhe
13. ein menschenverachtendes Verhalten
14. ein umfassendes Geständnis ablegen
15. ermutigende Worte
16. der stellvertretende Geschäftsführer
17. Ich habe eine von dir abweichende Meinung.
18. der ausschlaggebende Faktor
19. Gähnen ist ansteckend.
20. durchgreifende Maßnahmen
21. der einleitende Text
22. mit gleich bleibender Geschwindigkeit

23. die eingehenden Telefongespräche
24. konkurrierende Unternehmen
25. der leitende Arzt
26. mit wachsendem Interesse
27. die heranwachsende Jugend
28. korrespondierendes Mitglied der Akademie
29. die staunende Menge
30. ein beruhigender Vorsprung
31. Das ist ausgleichende Gerechtigkeit.
32. der geschäftsführende Direktor
33. eine glänzende Idee
34. tröstende Worte
35. ein für ihn bezeichnendes Verhalten
36. eine provozierende Geste
37. der anhaltende Regen
38. in klirrender Kälte
39. der auslösende Faktor
40. eine ansteckende Infektionskrankheit
41. die stagnierende Wirtschaft
42. der auslaufende Vertrag
43. eine übel riechende Flüssigkeit
44. die fortschreitende Zerstörung der Umwelt
45. eine beruhigende Antwort
46. Das ist bezeichnend für ihn.
47. die entmutigenden Ergebnisse
48. die um sich greifende Sittenlosigkeit
49. ein langsam wirkendes Gift

120. Tradurre:

1. eine amüsante Lektüre
2. ein riskantes Unternehmen
3. eine ambulante Behandlung
4. ein brisantes Thema
5. eine pikante Soße
6. ein kompetenter Gesprächspartner
7. eine charmante Frau
8. eine inexistente Gefahr
9. eine konstante Geschwindigkeit
10. ein konsequenter Lehrer

121. Tradurre con un participio presente tedesco:

1. un programma che occupa tutta la serata
2. l'articolo che segue
3. un'auto in sosta
4. il campione in carica
5. la linguistica comparata
6. uno sviluppo industriale in continua ascesa
7. con il motore acceso
8. con la lingua di fuori
9. staterelli eternamente in lotta tra loro
10. un'occhiata interrogativa
11. con la disoccupazione attuale
12. per cause ancora da accertare
13. cose da far rizzare i capelli
14. una scollatura mozzafiato
15. un'auto in corsa
16. un lavoro che porta via tanto tempo
17. prendere misure collaterali
18. un comportamento che impone rispetto
19. un uomo di bell'aspetto
20. le parti in lite
21. l'articolo in questione
22. una medicina dall'effetto rapido
23. uno spettacolo che impressiona
24. un parquet a specchio
25. una camicetta che stia con questi pantaloni
26. le piante in fiore

122. Completare con il participio passato:

1. la tutela delle minoranze ancora ☐ (opprimere) all'interno degli Stati nazionali
2. la ricostruzione delle città ☐ (distruggere) dalla guerra
3. le decisioni ☐ (prendere) a livello comunitario
4. l'ampia struttura politica ☐ (mettere) in piedi da Carlo Magno re dei Franchi
5. la bestia ☐ (proporgli) da l'amico
6. il prezzo ☐ (richiedere) dal venditore
7. le popolazioni germaniche ☐ (dividere) in varie tribù
8. i territori ☐ (rimanere) all'Impero Romano d'Oriente

9. le forti somme di denaro ☐ (spendere) per il restauro
10. sono differenze ☐ (tradursi) anche in diversità linguistiche
11. alcune case ☐ (spargere) tra i vigneti
12. i testi ☐ (tradurre) dall'italiano in tedesco.
13. una legge finora ☐ (rimanere) in fase di progetto
14. i problemi ☐ (porre) dalla nuova struttura della popolazione
15. fondivalle ☐ (percorrere) da importanti vie di comunicazione
16. le informazioni ☐ (raccogliere) durante i censimenti demografici
17. gli interventi sanitari ☐ (rendere) obbligatori per legge
18. sequestri di persona ☐ (concludersi) con la tortura e la morte
19. le cattive notizie ☐ (trasmettere) dalla radio
20. le malattie ☐ (dovere) allo stress

123. Sostituire alle caselle la forma adatta del participio:

1. Tutte le novità ☐ (portarci) dai Piemontesi in settant'anni si riducono insomma a due: la luce elettrica e le sigarette. (I. Silone)
2. I rami, ☐ (muovere) dal vento, carezzavano i vetri delle finestre.
3. ☐ (Sedere) sui banchi, forse ☐ (sorprendere) dal mio aspetto giovanile, non sapendo ancora se fossi un ragazzo o un maestro, quaranta ragazzi mi fissavano minacciosamente. (G. Mosca)
4. Non v'è dubbio che tutti gli italiani ☐ (vedere) da lontano abbiano una somiglianza di famiglia. (L. Barzini)
5. Vi sono giornate afose in luglio in cui le città, ☐ (svuotarsi) dei loro abitanti, vengono quasi completamente ☐ (invadere) da orde di forestieri impolverati e sudati. (L. Barzini)
6. A un tratto Damocle alzò gli occhi e vide che sul suo capo pendeva una spada, ☐ (sospendere) appena a un crine di cavallo.
7. ☐ (Relegare) dapprima a svolgere mansioni quasi esclusivamente manuali, ora sono sempre più numerose le donne professioniste, le donne impiegate, le donne imprenditrici e dirigenti.
8. Le cronache dei giornali ci informano di incidenti ☐ (provocare) dal guasto di impianti, dall'inquinamento ☐ (causare) dagli scarichi industriali, dall'uso di prodotti chimici in agricoltura e di conservanti ☐ (rivelarsi) cancerogeni.
9. I gas ☐ (produrre) dall'industria hanno provocato un buco nello strato di ozono che filtra i raggi ultravioletti del Sole.

10. Della violenza ☐ (diffondere) a tutti i livelli sono vittime le categorie più deboli: le donne e i bambini.
11. L'introduzione del divorzio rappresenta un rimedio quasi sempre doloroso ma indispensabile in certe situazioni ☐ (farsi) insostenibili, quando i coniugi, ☐ (perdere) ogni intesa fra loro e ☐ (divenire) ormai estranei l'uno all'altra, non sono più in grado di garantire equilibrio e serenità né a se stessi né ai figli.
12. Accanto alle malattie che danneggiano l'apparato respiratorio e circolatorio, esistono altre malattie ☐ (dovere) allo stress, a ritmi di lavoro troppo pesanti, che spesso provocano incidenti che potrebbero essere evitati.
13. Numerosi studenti, ☐ (terminare) gli studi e ☐ (fornire) del tanto sospirato „pezzo di carta", non trovano un posto di lavoro adeguato.
14. Parlando dei drogati, in particolare, le strutture pubbliche ☐ (destinare) al loro recupero non funzionano.
15. La necessità di reperire manodopera disponibile per attività faticose e pericolose, ☐ (rifiutare) dai nostri lavoratori, ha provocato un'ondata di immigrati di colore dei vari paesi extra europei.
16. ☐ (Fare) l'Italia, bisogna fare gli Italiani (M. d'Azeglio).
17. Bellissime sono le pitture che possiamo vedere negli scavi di Pompei, presso Napoli, la cittadina ☐ (distruggere) da un'eruzione del Vesuvio nel 79 d.C.
18. Teodorico amava le arti e lo dimostrano gli splendidi monumenti ☐ (fare) costruire a Ravenna, capitale del suo Regno: Santo Apollinare Nuovo, il Mausoleo ...
19. I territori italiani ☐ (dominare) dai Longobardi furono chiamati Longobardia e Romania si chiamarono i territori ☐ (rimanere) all'Impero Romano d'Oriente.
20. L'unificazione politica dell'Italia - ☐ (compiersi) tra il 1859 e il 1870 è stato l'avvenimento fondamentale che ha modificato le condizioni di vita degli Italiani.
21. Giulio II, appena ☐ (divenire) papa, diede l'incarico al Bramante di costruire San Pietro.
22. «Il Novellino» è una raccolta di storie brevi e brevissime ☐ (redigere) da un anonimo del XIII secolo.
23. Le raccontai dei rumori ☐ (udire) la notte precedente e della figura ☐ (intravvedere) nella veranda dell'ala est.

24. □ (Tornare) a Firenze, Michelangelo fece la grande statua del David, usando un pezzo di marmo □ (giudicare) inutile e □ (abbandonare) da un altro scultore.
25. Nel 1091, dopo trenta anni di guerra, i Normanni □ (condurre) da Ruggero di Altavilla, riuscirono a cacciare gli Arabi dalla Sicilia.
26. I Nuraghi sono edifici rotondi, come torri, più grandi alla base e più piccoli sulla cima, □ (costruire) con grosse pietre □ (mettere) una sull'altra senza cemento.
27. La maggior parte delle parole anglosassoni □ (introdursi) nella lingua italiana sono legate ad oggetti nuovi, a nuove tecnologie.
28. Ricordo alcune bravate □ (compiere) da me e dai miei compagni.
29. □ (Terminare) la cena, mi trasferii in salotto.
30. Ricordo con molto piacere le estati □ (trascorrere) con gli amici.
31. Delle lettere le più belle sono quelle □ (raccogliere) sotto il titolo *Seniles*.
32. L'università, □ (frequentare) fino a pochi anni fa da una ristretta élite di giovani, è diventata oggi una scuola di massa.
33. Un sistema scolastico non deve puntare all'uguaglianza □ (spingere) fino al livellamento delle capacità.
34. I giovani respingono una società in cui si esalta il potere □ (fondare) sul capitale.
35. Fra le droghe □ (ricavare) dall'oppio la più diffusa è l'eroina.
36. Sono in aumento i crimini □ (commettere) contro i minori.
37. Napoleone trasferì il Regno di Napoli - □ (togliere) a Ferdinando IV di Borbone - , al fratello Giuseppe e poi al cognato Gioacchino Murat.
38. Quando la suora vede le sue compagne salire sul palco □ (erigere) in piazza della Rivoluzione, attraversa la folla e affronta il loro stesso destino.
39. Due dei peccatori raccontano a Dante la loro storia: sono Paolo e Francesca, amanti infelici □ (uccidere) dal marito di Francesca.
40. Gli escursionisti, □ (disperdere) in seguito alla tormenta di neve, furono tratti in salvo dalle guide del club alpino.
41. Silvia, appena □ (uscire) di casa per andare a teatro, incontrò la sua amica Francesca che non vedeva da tanto tempo.

124. Sostituire il participio con un'altra costruzione:

1. I promotori dell'Europa unita fondarono il Consiglio d'Europa, riunitosi per la prima volta nel 1949.
2. Letto un giornale, la stragrande maggioranza lo butta via.
3. Nella sala d'attesa c'era un brutto quadro raffigurante una tempesta.
4. In determinate ore del giorno, i gas sprigionati dagli scappamenti delle auto formano una massa così spessa che assomiglia a una coltre di nebbia.
5. Secondo le indicazioni fornite dai carabinieri si tratterebbe di omicidio.
6. Questi fenomeni, manifestatisi nelle diverse parti del mondo, non possono essere confrontati fra loro a causa della diversità del contesto sociale in cui sono emersi.
7. I poveri nati in città e costretti a rimanervi per ragioni di lavoro non hanno scelta.
8. Abbandonati gli stupefacenti, molti si sono rivolti verso l'alcol.
9. Le risorse offerteci dalla natura non sono inesauribili.
10. Afflitti dalle precarie condizioni in cui vivono, molti abitanti del Terzo Mondo stanno trasferendosi nei nostri paesi.
11. Partito il treno, la stazione rimase vuota.
12. Mio padre aveva raccolto una biblioteca enorme, comprendente esemplari rari.
13. Le conquiste fatte nel campo della medicina in questi ultimi decenni sono eccezionali.
14. Proclamatosi Duce, Mussolini iniziò la politica anticostituzionale e accentratrice.
15. Ascoltato l'imputato, la giuria si ritirò per decidere la sentenza.
16. Benché avvertito, non aveva preso alcuna precauzione.
17. Sconfitto su tutti i fronti, Napoleone Bonaparte finì la sua vita relegato nell'isola di Sant'Elena.
18. Nonostante gli ottimi risultati ottenuti nella pittura e nell'architettura, Michelangelo fu soprattutto scultore.
19. Riunite in un unico Stato tante regioni prima separate bisognava organizzare l'amministrazione, risanare le finanze, creare l'esercito e la flotta.
20. Nel 774 i Franchi, chiamati dal Papa, sconfissero i Longobardi e costituirono il Regno d'Italia.

125. Tradurre*:

1. die vom Hunger geschwächte Bevölkerung
2. die auf den Mosaiken dargestellten Szenen
3. die in mehrere Stämme geteilten germanischen Völker
4. die von Ruggero von Altavilla geführten Normannen
5. die auf allen Ebenen verbreitete Gewalt
6. die von ihm erzählten Abenteuer
7. der aus dem Zusammenhang gerissene/herausgelöste Satz
8. die uns gelieferten Erklärungen
9. die in der Anthologie enthaltenen Texte
10. der mit Mühe erreichte Wohlstand
11. die zur Verfügung gestellten Informationen
12. von oben getroffene Entscheidungen
13. die zum Verkauf bestimmten Produkte
14. die Entführung und das damit verbundene eventuelle Verbrechen
15. die von den Überschwemmungen und Erdrutschen verursachten Schäden
16. die von den Schriftstellern in Westeuropa während des ganzen Mittelalters verwendete Einheitssprache
17. die zur Generalaudienz gekommenen Pilger
18. die von den Abgasen verursachte Luftverschmutzung
19. die in der Familie missbrauchten Kinder
20. die von den Engländern erhobenen Einwände
21. die in die Arbeitswelt eingegliederte Frau
22. die von der deutschen Regierung ergriffenen Maßnahmen
23. die von Professor X durchgeführten Experimente
24. die nicht mit Sicherheitsanlagen ausgestatteten Fabriken
25. Geld für nie erbrachte Leistungen fordern
26. das friedliche Zusammenleben untereinander verbündeter Völker
27. stressbedingte Krankheiten
28. ein wegen betrügerischen Bankrotts verurteilter Unternehmer
29. eine mit großem Aufwand organisierte Demonstration
30. der Wiederaufbau der durch den Krieg zerstörten Städte
31. der vom Verkäufer geforderte Preis
32. die hohen für die Restaurierung ausgegebenen Summen
33. die mit großer Sorgfalt ausgeführten Arbeiten
34. eine nicht von allen Experten geteilte Meinung

Capitolo 14 Il gerundio (§§ 197-201)

126. Sostituire all'infinito la forma adatta del gerundio:

1. Sto □ (mangiare).
2. Il ragazzo sta □ (scrivere) una lettera a suo padre.
3. Che cosa state □ (fare)?
4. La bambina sta □ (bere) un'aranciata.
5. Sto □ (tradurre) un testo molto difficile.
6. Gli studenti stanno □ (prepararsi) agli esami.
7. Che cosa stai □ (dire)?
8. Sto □ (seguire) un corso d'italiano.
9. Di che cosa state □ (discutere)?
10. È una moda che sta □ (imporsi).

127. Trasformare le frasi secondo il seguente modello:
Aspetto il tram. → Sto aspettando il tram.

1. Mario litiga con sua sorella.
2. Mi faccio la barba.
3. Che cosa bevi?
4. L'orchestra eseguiva il brano di un compositore contemporaneo.
5. Che cosa dicono?
6. Finisco la mia relazione.
7. Riparano l'ascensore.
8. Vado a casa.
9. Riducono il personale.
10. Prepariamo la colazione.

128. Sostituire con il gerundio le parti stampate in corsivo:

1. *Siccome non aveva studiato* abbastanza, si sentiva piuttosto insicuro.
2. *Quando uscì* dal negozio si accorse di non avere più il portafoglio.
3. *Se avessimo preso* il treno delle cinque saremmo arrivati verso le dieci.
4. Una violenta grandinata si è abbattuta sulla zona *e ha provocato* gravi danni.
5. *Se lo ascolti* potrai imparare molte cose utili.
6. *Sebbene sia* molto ricco, non mi dà mai niente.

7. *Quando ci si fa* notare, si ha l'impressione di esistere.
8. Gli adulti hanno il dovere di convincere i giovani che essi sono un anello della catena, che, *se si spezzasse*, farebbe ricadere l'umanità nella barbarie.
9. *Se i genitori conoscono* una parte del mondo dei loro figli, possono già trovare una possibilità di dialogo.
10. *Poiché si tratta* di un fenomeno piuttosto recente e in piena evoluzione non se ne può nemmeno ancora dare una definizione univoca.
11. Si può soffrire molto *quando si scopre* la bruttezza interiore in qualcuno la cui bellezza fisica ci aveva sedotti.
12. Molti adolescenti si vedono troppo grassi, si danno alle diete più strane e fantasiose *e contribuiscono* in questo modo a creare nel loro corpo squilibri effettivi.
13. *Se volesse* potrebbe aiutarmi.
14. *Si è esploso* un colpo in testa; così si è tolto la vita.
15. Ho acceso la televisione *nella speranza* di vedere l'arrivo della tappa.
16. Fa ancora molto freddo, *anche se* ormai *è* primavera avanzata.
17. La nonna, *mentre raccontava* un episodio della sua vita da ragazza, fu presa dalla commozione.
18. Durante la medicazione Lorenzo non fece una piega, *benché provasse* dolore.
19. *Mentre passeggiavamo* nei boschi, abbiamo trovato un chilo di porcini.
20. *Se mettessi* qui il letto, avresti più spazio.
21. Il maglione si è ristretto *con il lavaggio.*
22. Suo figlio *ha giocato* al casinò; *così* si è rovinato.
23. La parola «sesso» non fa più arrossire nessuno, *poiché è entrata* prepotentemente in tutte le forme di comunicazione.
24. Rispetto agli anni '60, il movimento turistico non è solo più che raddoppiato, ma ha anche cambiato caratteristiche; *è diventato* un fenomeno di massa.
25. *Mentre facevo* i compiti, ho scoperto di non aver capito l'ultima lezione di matematica.
26. Molti genitori si servono della TV come di una baby-sitter elet tronica *e abdicano così* al loro ruolo di primari educatori dei figli.
27. *Siccome vive* all'estero da anni, mio cugino non sa più parlare italiano.

129. Sostituire il gerundio con una proposizione subordinata:

1. La donna, vedendolo venire, gli andò incontro.
2. Federigo, non avendo altra persona da tenerle compagnia, le disse: ...
3. Sentendosi ingiustamente perseguitati, a loro volta scaricano le loro aggressioni in comportamenti violenti.
4. La donna paga un prezzo molto elevato per rivendicare questi diritti di parità con l'uomo, affrontando il peso del doppio lavoro e ciò si esprime in termini di stress, di complessi di colpa, di frustrazione.
5. Avevo sentito un certo fracasso ma, essendo da sola con la mia cameriera personale, non ero andata a controllare.
6. Pur essendo un'isola assolutamente italiana, la Sardegna è rimasta sempre ai margini della vita storica e culturale del Paese.
7. Facendo più attenzione, non avresti commesso errori così banali.
8. Pur avendo assunto oggi proporzioni allarmanti, il fenomeno della droga non è nuovo.
9. Pur sapendo di non essere molto preparato, si offrì volontario per l'interrogazione.
10. Mangiando sempre di corsa, ci si rovina lo stomaco.
11. I paesi poveri resteranno tali se, pur possedendo fonti di energia, non dispongono dei sistemi tecnico-scientifici che ne consentano l'utilizzazione.
12. Marcovaldo sgombrò il tavolo e vi piazzò il coniglio in mezzo, che s'appiattí come cercando di sparire. (I. Calvino)
13. L'unificazione europea procede lentamente e con difficoltà dovendo conciliare le esigenze più varie.
14. Pur non ricoprendo nella Repubblica cariche ufficiali, Cosimo de' Medici ne condizionò la vita e ne determinò le vicende.
15. Non potendo venire, ti telefonai.
16. Essendosi staccata un'ala, l'apparecchio precipitò.
17. Pur trattando di argomenti diversi, le novelle del Decameròn ci danno una visione unitaria della vita dell'uomo del Trecento.
18. Avendo a disposizione almeno tre ore prima che i ragazzi potessero arrivare, tirai fuori il mio lavoro a maglia.
19. Salendo i tre gradini, tremai.

20. Nell'antichità, la donna si trovava in condizione di inferiorità civile e politica pur godendo, come madre, di un certo rispetto.
21. Non potendo affrontare una spesa così grossa, dovemmo rinunciare al nostro progetto.
22. Pur essendo situato in una zona molto popolata, il vulcano ha fatto pochissime vittime.
23. Perdendo il posto, non perdono soltanto il lavoro e i mezzi di sussistenza, ma anche gli affetti.
24. Molti ragazzi hanno problemi d'identità, sentendosi divisi fra due lingue e due culture.
25. Usando la benzina senza piombo ed il catalizzatore si può ridurre l'inquinamento derivante dai gas di scarico delle auto.
26. Aspettando il tram, notai qualcosa di nuovo presso la fermata.
27. Per effetto della legge del 1982 molti pentiti furono condannati a pene veramente minime, pur avendo commesso tremendi delitti.
28. Le ragazze pur dimostrandosi pudicamente scandalizzate non riuscivano a nascondere il loro interesse.
29. Tempo permettendo andiamo in piscina.
30. Fa ancora freddo, pur essendo ormai primavera avanzata.
31. Mangiando troppo si rischia di ingrassare.
32. Non avendo studiato abbastanza, mi sentivo piuttosto insicuro.
33. Continuando a giocare con quel ritmo La Juventus vincerà lo scudetto.
34. Urlando meno, otterrebbe di più.
35. Vedendo il cane del custode, il ladro scappò impaurito.
36. La maggior parte dei giovani, pur condannando i singoli episodi di violenza, comprende e giustifica i coetanei.
37. Cercando di raddrizzare lo scaffale, mi sono tirato addosso tutti i libri.
38. Continuando di questo passo, dovremmo arrivare in tre ore.
39. Pur sapendolo, non disse chi era stato.
40. Essendosi rotto un tubo dell'acqua, dovetti chiamare urgentemente l'idraulico.
41. Avendola offesa, le devi chiedere scusa.
42. Osservando le cartine, si vede subito che ...
43. Non essendosi del tutto ripreso dall'infortunio di domenica, il centravanti del Milan non scenderà in campo.
44. Ripulendo il solaio ho trovato le pagelle di mio padre.

Capitolo 15 I complementi del verbo (§§ 202-212)

130. Completare:

1. Francesco d'Assisi insegna ☐ gente che in tutto c'è l'amore di Dio.
2. Mi interesso ☐ poesia.
3. Il Boccaccio ricava il materiale per le sue novelle ☐ fonti classiche e medievali, ☐ fatti storici e ☐ sua stessa esperienza.
4. Nel *Decamerone* il furbo trionfa sempre ☐ sciocco, ☐ ingenuo.
5. Bisogna adattarsi ☐ situazioni.
6. Non ti puoi sottrarre ☐ tuoi doveri.
7. Luigi si è innamorato ☐ sorella del mio amico.
8. Ti ricorderai ☐ me per tutta la tua vita.
9. ☐ quali paesi confina l'Italia?
10. Purtroppo non disponiamo ☐ mezzi necessari.
11. Mi meraviglio ☐ suo coraggio.
12. Mi posso servire ☐ tuo dizionario?
13. Hai già telefonato ☐ Angelo?
14. Non mi ero accorto ☐ errore.
15. Io vado a lavorare e mio marito si occupa ☐ bambini.
16. Non posso fare a meno ☐ macchina.
17. Se confrontiamo i modi di vita di oggi ☐ quelli di non più di cento anni fa, ci accorgiamo che molte cose sono cambiate, e in meglio.
18. Non tutti usufruiscono alla stessa maniera ☐ benefici del progresso.
19. Suo padre è morto ☐ cirrosi epatica.
20. Mia madre gode ☐ ottima salute.
21. Sai giocare ☐ scacchi?
22. Contiamo ☐ tuo appoggio.
23. Posso parlare ☐ signor Rossi?
24. C'era qualcuno che trafficava ☐ serratura.
25. Bisogna riuscire a conciliare la crescita economica ☐ difesa dell'ambiente stesso.
26. Questo dipende ☐ varie circostanze.
27. Speriamo ☐ un avvenire migliore.
28. Bisogna sensibilizzare i cittadini ☐ risparmio energetico.
29. Questo è un traguardo ☐ cui tutti dobbiamo tendere.
30. ☐ che cosa ti riferisci?

131. Completare:

1. Solo la collaborazione tra genitori e insegnanti può contribuire ☐ soluzione dei vari problemi.
2. Purtroppo ci sono molti genitori che si disinteressano ☐ vita scolastica dei propri figli.
3. La scuola deve adeguarsi ☐ richieste della società.
4. La scuola deve educare ☐ tolleranza.
5. Gli insegnanti non devono limitarsi ☐ trasmissione del sapere.
6. Ci dobbiamo adattare ☐ un mondo del lavoro in continua evoluzione.
7. È meglio non impegnarsi ☐ battaglie ideologiche.
8. Nelle ultime generazioni si assiste ☐ una caduta di interesse nei confronti dei problemi politici e sociali.
9. Mi dovrò sottoporre ☐ un intervento chirurgico.
10. Mi appello ☐ tuo buon senso.
11. Questa parola deriva ☐ greco.
12. I datori di lavoro dovrebbero preoccuparsi un po' meno ☐ profitto e un po' di più ☐ salute dei dipendenti.
13. È logico che non vogliano rinunciare ☐ antichi privilegi.
14. I dialetti sono nati direttamente ☐ una stessa lingua madre.
15. Non possiamo badare ☐ tutte le più piccole tendenze.
16. Ogni piccola comunità doveva raccogliersi e organizzarsi per provvedere ☐ se stessa.
17. Qui vorrei accennare ☐ un particolare un po' curioso.
18. Il fiorentino è rimasto più simile al latino, come si può vedere ☐ questi pochi esempi.
19. Cosa pensa ☐ problema della droga l'opinione pubblica?
20. Nel 1860 i toscani decisero di unirsi ☐ altre regioni per formare il Regno d'Italia.
21. Bisogna puntare non solo ☐ riduzione dei consumi petroliferi ma anche ☐ utilizzo di fonti alternative.
22. Bisognerebbe liberare tutto il centro ☐ traffico.
23. ☐ ciò che le disse intuii che dovevano essersi già conosciuti.
24. Chi si occupa ☐ faccenda?
25. Sono anni che lavoro ☐ questo libro.
26. Qualcuno lo aveva denunciato ☐ polizia.
27. Mi congratulo ☐ te ☐ tuo successo.
28. Ci possiamo servire ☐ dizionario?

132. Completare:

1. Quell'impresario edile è stato accusato ☐ bancarotta fraudolenta.
2. Non riuscirai a distoglierlo ☐ suo progetto.
3. Mio fratello si è iscritto ☐ chimica.
4. La donna vestiva ☐ giallo.
5. Abbiamo puntato ☐ cavallo sbagliato.
6. Bisogna seguire ☐ consigli del medico.
7. Credi ☐ sogni?
8. Perché vuoi ritirarti ☐ affari?
9. Silvio non ha ancora risposto ☐ mia lettera.
10. Vorrei cominciare la mia conferenza ☐ una citazione.
11. Sta' attento ☐ dove vai!
12. Per quanto tempo ha lavorato ☐ questo libro?
13. Temo ☐ salute di mio figlio.
14. Questo studente dispone ☐ un vocabolario ricchissimo.
15. ☐ che cosa si tratta in questo libro?
16. Devi premere ☐ pulsante.
17. Ti sei già iscritto ☐ lista?
18. Non dubito ☐ sua fedeltà.
19. Gli studenti si preparano ☐ esame.
20. Me ne intendo poco ☐ arte moderna.
21. Non devi scandalizzarti ☐ suoi capelli lunghi.
22. ☐ chi l'hai saputo?
23. ☐ che cosa si è lamentato il priore ☐ Lodovico il Moro?
24. Invidio il mio collega ☐ sue conoscenze linguistiche.
25. Mario ci sa fare ☐ ragazze.
26. Perché ti sei separato ☐ tua ragazza?
27. Che cosa s'intende ☐ *nepotismo*?
28. L'aereo perdeva ☐ quota.
29. Avete contravvenuto ☐ legge.
30. Devo tradurre un testo ☐ italiano ☐ tedesco.
31. Quanti soldi hai investito ☐ quel progetto?
32. Oggi il pesce non sa ☐ niente.
33. Il mio collega si vanta molto ☐ suo titolo.
34. ☐ che cosa posso servirLa?
35. Non mi ero accorto ☐ errore.
36. Ieri sera abbiamo giocato ☐ carte.
37. Tutti si devono attenere ☐ queste disposizioni.

133. Tradurre:

1. Der Freund von Angela hat sich dieses Jahr an der Universität Heidelberg eingeschrieben.
2. Ich kann und will nicht auf meine Rechte verzichten.
3. Ich gehöre keiner Partei an.
4. Man muss die Bürger für soziale Probleme interessieren.
5. Ich glaube nicht, dass mein Vater einen weiteren Herzinfarkt überstehen wird.
6. Ich will nicht, dass du dich in meine Angelegenheiten einmischst.
7. Wir hoffen alle auf eine bessere Zukunft.
8. Ich habe ihn an seinem Gang erkannt.
9. Wenden Sie sich an jemand anderen.
10. Hütet euch vor diesem Mann!
11. Was verstehen Sie unter *Freiheit*?
12. Ich war auf eine solche Antwort nicht gefasst.
13. Maria beneidet ihre Schwester um ihre schönen Haare.
14. Ich interessiere mich nicht für Chemie.
15. Ich halte ihn für einen sehr intelligenten Menschen.
16. Alle machen sich über ihn lustig.
17. Ludwig XV. folgte auf Ludwig XIV.
18. Das ist ein Buch, an dem ich sehr hänge.
19. Keiner überlebte die Katastrophe.
20. Hast du dich bei der Oma schon für das Geschenk bedankt?
21. Du tätest gut daran, dich bei deinem Lehrer dafür zu entschuldigen.
22. Bei wem hat sie sich darüber beklagt?
23. Du hast einen schönen Erfolg gehabt; ich gratuliere dir dazu.
24. In Italien ist es nicht üblich, die Zeitung zu abonnieren; man kauft sie jeden Tag beim Zeitungshändler.
25. Er wird es sicher bereuen.
26. Hast du schon mit deinem Aufsatz begonnen?
27. In deinem Diktat wimmelt es von Fehlern.
28. Du musst dich an die Vorschriften halten.
29. Ich pfeife auf seine Ratschläge!
30. Du wirst doch diesem Angeber nicht glauben.
31. Es ist wichtig, sich den Umständen anpassen zu können.
32. Du wirst dich deinen Verpflichtungen nicht entziehen können.
33. Das ist die letzte Hoffnung, an die ich mich klammere.

34. Das Adjektiv stimmt in Genus und Numerus mit dem Substantiv übereın.
35. Die Arbeiter beklagen sich über die schlechten Arbeitsbedingungen.
36. Wovon hängt deine Entscheidung ab?
37. Was kann man tun, um aus der Krise herauszukommen?
38. Die Grünen kämpfen für den Umweltschutz.
39. Es hat ihn das Leben gekostet.
40. Hilfst du mir beim Abtrocknen?
41. Ich muss mich einer Operation unterziehen.
42. Hast du auf die Uhr geschaut?
43. Ich schlage oft im Wörterbuch nach.
44. Das Auto hat sich um sich selbst gedreht.
45. Das Kind ist mit dem Kopf gegen die Tischkante gestoßen.
46. Die Abgase schaden der Ozonschicht.
47. Warum hat man den Mietern gekündigt?
48. Die Schäden belaufen sich auf über fünf Millionen Euro.
49. Ich habe keine Lust, mich auf Diskussionen einzulassen.
50. Kann ich Ihren Mann sprechen?
51. Wir müssen nicht am Essen sparen.

134. Tradurre:

1. Das hält euch jung und aktiv.
2. Ich hatte ihn mir älter vorgestellt.
3. Cavour machte Piemont zum ersten Staat auf der Halbinsel.
4. Diese Weste macht Sie jünger.
5. Ich habe mir seine Prinzipien zu eigen gemacht.
6. Ich mache dich glücklich.
7. Findest du die Grammatik und die Aussprache schwierig?
8. Oft fühlen sich die Jugendlichen nicht verstanden.
9. Sie ist schwanger geworden.
10. Der letzte Band ist postum erschienen.
11. Lasst die Koffer nie unbeaufsichtigt!
12. Ich werde mich freiwillig melden.
13. Haltet die Leute fern!
14. Der Angeklagte hat sich für unschuldig erklärt.
15. Haltet bitte das Haus in Ordnung!
16. Das hält die Blumen frisch.

135. Tradurre* „als“:

1. Als Mädchen war sie ziemlich pummelig.
2. Silvio kannte sie als Mädchen.
3. Die Behauptung hat sich als falsch herausgestellt.
4. Mein Bruder arbeitet als Taxifahrer.
5. Dieses Buch habe ich als Geschenk bekommen.
6. Leonardo da Vinci besuchte als Schüler die Schule des Verrocchio. Michelangelo war damals 29 Jahre alt und schon als der größte Künstler seiner Zeit bekannt. Schon als Kind zeigte Michelangelo seine Leidenschaft für das Zeichnen.
7. Fühlst du dich mehr als Italienerin oder als Deutsche?
8. Dieses Jahr werde ich mich als Pirat verkleiden.
9. Ich würde gern als Fotomodell arbeiten.
10. Er spricht als Fachmann.
11. Wir müssen tausend Euro als Entschädigung zahlen.
12. Ich spreche hier nicht als Botschafter, sondern als Privatmann.
13. Er gilt als Autorität auf diesem Gebiet.
14. Sein Onkel hat ihn als Erben eingesetzt.
15. Die Rossis sind als Erste abgereist.
16. Sein Vater tritt in diesem Prozess als Nebenkläger auf.
17. Als Beilage nehme ich Kartoffeln und grüne Bohnen.
18. Die Terroristen haben fünf Personen als Geiseln genommen.
19. Spiele dich nicht als Rächer auf!
20. Du hast als Ehrenmann gehandelt.
21. Was hast du als Belohnung bekommen?
22. Sie haben ihn als Botschafter nach Rom geschickt.
23. Leonardo da Vinci wurde 1452 als Sohn eines Notars und einer Bäuerin geboren.
24. Der Deckel dient als Teller.
25. Friedrich war als Waise in Palermo aufgewachsen.
26. Wir freuen uns, Sie als Gäste bei uns zu Hause zu haben.
27. Er bot sich als Sündenbock an.
28. Wir sind als Sänger aufgetreten.
29. Die Etrusker stellten sich den Tod als eine genaue Kopie des Lebens vor.
30. Die Kirche verurteilte Galileis Theorie als ketzerisch.
31. Er hat sich als Vertreter einer Versicherungsgesellschaft vorgestellt.

Capitolo 16 L'infinito (§§ 213-219)

136. Completare:

1. Ho smesso ☐ fumare.
2. Per cena, propongo ☐ andare in pizzeria.
3. In treno non riesco mai ☐ leggere.
4. Penso ☐ partire domani.
5. Come si fa ☐ lavorare con questo rumore?
6. Non capita tutti i giorni ☐ incontrare persone interessanti.
7. Faccio fatica ☐ camminare.
8. Quando andiamo al ristorante, abbiamo l'abitudine ☐ fare alla romana.
9. Ho nostalgia della mia famiglia; non vedo l'ora ☐ ritornare a casa.
10. Quanto tempo ci hai messo ☐ fare questo lavoro?
11. Siamo veramente lieti ☐ rivederti.
12. Non è sempre facile ☐ rispondere a domande fatte a bruciapelo.
13. Ho finto ☐ capire ☐ non fare brutta figura.
14. È un piacere ☐ invitarlo, mangia sempre di buon appetito ciò che si cucina.
15. Credevo ☐ aver vinto io.
16. Ho abituato mio figlio ☐ essere autonomo.
17. Sono stufa ☐ sentire questi discorsi.
18. Non vanno più d'accordo, credo che stiano ☐ separarsi.
19. Siamo rimasti ☐ guardare la televisione.
20. Hai fatto bene ☐ scegliere la facoltà di medicina.
21. A ferragosto è difficile ☐ trovare posto negli alberghi, perché sono tutti al completo.
22. Aiutami ☐ fare la traduzione.
23. Spero ☐ non disturbarla.
24. Voglio ☐ imparare ☐ nuotare.
25. Si mise ☐ studiare con impegno.
26. Siete liberi ☐ fare ciò che volete.
27. Occupo molto del mio tempo ☐ leggere.
28. Mi pento ☐ avergliela detto.
29. Non sono disposto ☐ pagare questo importo.
30. È un tipo che stenta ☐ inserirsi nella società.
31. Come fai ☐ resistere a questa fornace?

137. Completare:

1. Il numero delle ore □ dedicare al lavoro è diminuito da 16 a 8.
2. Continuai □ rigirarmi nel letto □ riuscire □ prender sonno.
3. La governante si limitò □ scuotere la testa e ci precedette □ dire una parola.
4. Roberto dà l'impressione □ non ascoltare o □ non sentire ciò che gli viene detto.
5. Non riesce □ concentrarsi se non per periodi brevissimi.
6. Non ce la fa □ portare a termine i suoi compiti.
7. Ha difficoltà □ organizzarsi.
8. È incapace □ rispettare le regole dei giochi di gruppo.
9. Non sa □ aspettare il suo turno: «spara» le risposte prima ancora che la domanda sia stata completata.
10. I giovani degli anni Novanta non hanno nessuna fretta □ crescere. C'è in loro una riluttanza □ emanciparsi, □ rendersi autonomi, □ assumersi le proprie responsabilità.
11. □ andarsene via di casa, per i ragazzi d'oggi, non è una bella avventura.
12. Ti andrebbe □ fare una partita a scacchi con me?
13. Secondo me, non vale la pena □ andarci.
14. Dopo molte discussioni ho promesso alla famiglia □ comprare un videoregistratore.
15. Mi ha fatto segno □ entrare.
16. Don Rodrigo intima a Don Abbondio □ non celebrare il matrimonio.
17. Conto □ trascorrere quindici giorni al mare.
18. Sono spiacente □ non poter □ fare nulla per Lei.
19. Sperando □ avere presto tue notizie ti auguro buon viaggio!
20. Noi volevamo cambiare tutto □ cominciare da noi stessi.
21. Non ti dico quanta fatica mi è costata □ trovare una casa.
22. Appena finirò □ sistemare le cose essenziali verrai □ trascorrere un paio di giorni da me.
23. Intendo □ iscrivermi a medicina.
24. Abbiamo tutti contribuito □ risolvere questo problema.
25. Da lui c'è □ aspettarsi di tutto.
26. Federico II mirò □ unire i suoi possessi dell'Italia del sud con quelli del nord.
27. Come si fa □ insegnare ai ragazzi □ amare la lettura?

138. Completare:

1. Non lasciarti ☐ indurre ☐ alzare troppo il gomito.
2. A casa mi sono accorto ☐ aver dimenticato gli occhiali.
3. Mi impegno ☐ trovare un lavoro per te.
4. È sterile ☐ continuare ☐ indignarsi per il dilagare della violenza se non si cerca ☐ investire in progetti di recupero delle varie classi di emarginati.
5. Mi sento obbligato ☐ aiutarlo.
6. Per noi tutti sarà una grande gioia ☐ rivedervi dopo tanto tempo.
7. Basta ☐ chiedere.
8. Basta un nonnulla ☐ farlo esplodere in una collera spaventosa.
9. Questi documenti meriterebbero ☐ essere studiati a fondo.
10. Dai primi anni '50 alla metà dei '60 lo sviluppo economico italiano fu così forte ☐ essere detto «miracolo economico».
11. Ricorda ☐ non far tardi.
12. Temo ☐ essere in ritardo.
13. Queste non sono cose ☐ ridere.
14. Hai pensato ☐ chiudere le finestre?
15. Io so ☐ aver sbagliato.
16. È inutile che stiamo ☐ perdere tempo.
17. Mi avevi promesso ☐ portarmi a teatro.
18. Mi dispiace ☐ averti offeso.
19. Non si può fare una frittata ☐ rompere le uova.
20. Ho fretta ☐ finire questo lavoro.
21. Secondo me, è un progetto destinato ☐ fallire.
22. Ti auguro ☐ essere promosso.
23. Tocca sempre a me ☐ sparecchiare.
24. Il termometro serve ☐ misurare la temperatura.
25. Vedi ☐ guarire presto.
26. Stento ☐ pronunciare questa parola.
27. Dobbiamo cercare ☐ risparmiare il più possibile.
28. I ragazzi sono impazienti ☐ andare ☐ giocare.
29. È comodo ☐ fare i viaggi lunghi in treno.
30. Ho fatto un grande sbaglio ☐ comprare quella casa.
31. È molto piacevole ☐ viaggiare attraverso la campagna toscana.
32. La chiesa non bastò ☐ contenere tanta folla.
33. Tardarono molto ☐ darci una risposta.
34. Sua madre era scoppiata ☐ piangere.

139. Completare:

1. Questa è un'occasione ☐ non perdere.
2. Stasera non mi va ☐ uscire.
3. Che ne dici ☐ andare al cinema domani?
4. Il Nord si lamenta ☐ *mantenere* il Sud.
5. È molto brava ☐ far ☐ mangiare.
6. Non vale la pena ☐ fare certe cose.
7. Vedendomi allo sportello, fingerebbe ☐ non riconoscermi.
8. L'avvocato mi invitò ☐ entrare.
9. C'era una folla ☐ non dirsi.
10. Mi aveva promesso ☐ farsi vivo.
11. Sarebbe stato facile ☐ trovarlo.
12. Sto ☐ andare in ufficio.
13. Si sarà dimenticata ☐ dirtelo.
14. Il professore ci ha dato l'elenco dei libri ☐ leggere.
15. Temo ☐ far tardi.
16. Sta imparando ☐ leggere e ☐ scrivere.
17. Io facevo finta ☐ non vedere.
18. Durante le vacanze di Natale i genitori ci portano ☐ sciare.
19. Mio padre non smette mai ☐ parlare di soldi.
20. Ho rifiutato ☐ riceverlo.
21. Lui sa ☐ potersi ☐ fidare ciecamente di me.
22. Oggi ho passato tutta la giornata ☐ mettere in ordine i miei libri.
23. Sei capace ☐ ripetere la frase?
24. Hai ☐ scrivere?
25. Vado ☐ prendere i bambini a scuola.
26. È ora ☐ agire.
27. Quando pensate ☐ andare in Spagna?
28. Spero ☐ rivederti presto.
29. Credo ☐ aver preso l'influenza.
30. Questo piatto è semplice ☐ preparare.
31. I bambini si sono messi ☐ gridare.
32. Non voglio continuare ☐ condurre questa vita.
33. Ci ha detto ☐ pensare a mamma, ☐ non crearle problemi.
34. Ho bisogno ☐ andare in bagno.
35. I ragazzi scoppiarono ☐ ridere.
36. Ieri sera siamo stati ☐ ballare.
37. Devo aspettare ☐ avere diciott'anni.

140. Completare:

1. Spendiamo poco ☐ mangiare.
2. Non osavo ☐ disturbarlo.
3. Bisogna ☐ dirglielo.
4. Il medico ha consigliato a mio marito ☐ smettere ☐ fumare.
5. La pioggia ci ha obbligato ☐ rimandare la gita.
6. Gli ho chiesto ☐ aspettare ancora un po'.
7. Questo bottone sta ☐ staccarsi.
8. Dante fu condannato ☐ essere bruciato vivo.
9. Le piacerebbe ☐ fare del cinema.
10. Non mi piace il suo modo ☐ fare.
11. Suo figlio è nato ☐ fare il meccanico.
12. Non c'è nessuno che ha ☐ fumare?
13. Come faccio ☐ dirglielo?
14. Non ne posso più ☐ aspettarlo.
15. Tentò ☐ dire qualcosa, ma suo padre gli ordinò ☐ star zitto.
16. Tutto il pomeriggio si diede ☐ fare ☐ pulire la casa.
17. La mia amica riuscì ☐ convincere mio padre ☐ ritardare fino alle dieci l'orario di rientro.
18. Avevo voglia ☐ piangere per la rabbia.
19. Ho problemi ☐ addormentarmi.
20. Chi ti ha insegnato ☐ ballare?
21. Gli dissi ☐ tenermi informato.
22. Mi aiuti ☐ fare i compiti?
23. Sono rimasto ☐ occuparmi della faccenda.
24. Tutti avevano giurato ☐ tener segrete quelle idee.
25. Gli italiani dicono ☐ stare bene in Italia.
26. Quali motivi spingono queste persone ☐ dichiararsi scontente?
27. Mio marito è uscito ☐ prendere un po' d'aria.
28. Il ragazzo si chinò ☐ legarsi le scarpe.
29. Ci siamo impegnati ☐ trovargli una camera.
30. Solo l'odore basta ☐ farmi scappare l'appetito.
31. Vedete ☐ essere puntuali.
32. Non riesco ☐ leggere senza occhiali.
33. Faremmo meglio ☐ non dire niente.
34. Ho fatto di tutto ☐ tenerlo fuori da questo affare.
35. Sono stato tanto sciocco ☐ sperare che mi avrebbe detto tutto.
36. Si rifiutò ☐ darmi il denaro di cui avevo bisogno.

141. Completare:

1. L'imputato ha cercato ☐ crearsi un alibi per quella notte.
2. Gli ho chiesto ☐ custodire i gioielli in cassaforte.
3. Confesso ☐ essere molto sorpreso.
4. Si è offerto ☐ accompagnarmi alla stazione.
5. Non abbiamo nulla ☐ perdere.
6. Che cosa li ha spinti ☐ emigrare?
7. Mario passerà ☐ prendermi verso le otto.
8. Non mi riesce ☐ concentrarmi sul mio lavoro.
9. I proprietari terrieri erano troppo preoccupati ☐ difendere i loro interessi immediati.
10. La Toscana potè ☐ vantarsi ☐ aver abolito per prima la tortura e la pena di morte.
11. Si cercò ☐ abolire i privilegi della Chiesa.
12. Alessandro VI non esita ☐ riconoscere con un documento ufficiale un figlio.
13. Per tutto il Cinquecento l'economia e la cultura italiana continuarono ☐ fiorire.
14. I sovrani si dedicano ☐ ingrandire il proprio terreno attraverso continue guerre.
15. Lorenzo dei Medici aveva imparato da suo nonno ☐ dare importanza alla cultura e all'arte.
16. Michelangelo è l'unico ☐ non legarsi a principi e papi.
17. Questi Stati erano tornati ☐ essere indipendenti.
18. Non trovavo difficoltà ☐ essere gentile con lei.
19. Non avevo mai osato ☐ parlarle in modo esplicito di questo mio progetto.
20. Si è limitato ☐ dire due sole parole.
21. Sua madre era scoppiata ☐ piangere.
22. Tutti aspirano ☐ migliorare le proprie condizioni di vita ☐ condurre un'esistenza meno incerta e piú dignitosa.
23. Nel 1362 Boccaccio riceve la visita del monaco senese Gioacchino Ciani, il quale lo esorta ☐ abbandonare la poesia e ☐ dedicarsi alle pratiche religiose, ☐ prepararsi alla morte ed evitare la dannazione. Boccaccio, turbato dalla visita del monaco, abbandona gli studi profani e decide ☐ bruciare le sue opere volgari. Ma Petrarca lo convince ☐ non farlo; inoltre lo invita presso di lui in modo ☐ garantirgli una vita più agiata.

142. Completare*:

1. Ascolta le mie parole ☐ andare su tutte le furie.
2. Mario ha studiato la storia ☐ saperla a memoria.
3. Si è offesa ☐ non essere stata invitata alla festa.
4. ☐ entrare, si pulì le scarpe.
5. Non hai che ☐ dirmelo.
6. Mio fratello ha mangiato tante ostriche ☐ sentirsi male.
7. ☐ sentir voi, io sarei uno scansafatiche.
8. Guardati ☐ fumare troppo.
9. ☐ insistere si ottiene spesso quello che si vuole.
10. È stato multato ☐ aver parcheggiato la macchina in divieto di sosta.
11. Questo libro è facile ☐ leggersi.
12. Mio marito trova ☐ ridire su tutto.
13. Solo ☐ pensarci mi vengono i brividi.
14. In quel piccolo locale c'è tanto fumo ☐ soffocare.
15. Come sarebbe ☐ dire!
16. ☐ scendere le scale, non ho visto l'ultimo gradino e c'è mancato poco che cadessi.
17. In quella casa c'è tanta confusione ☐ diventare matti.
18. Si fa presto ☐ criticare dall'esterno, senza conoscere la reale portata del problema.
19. Sono lontano ☐ pensare una cosa simile.
20. Finirete ☐ guastare ogni cosa.
21. La Lombardia, ☐ essere la regione agricola più ricca d'Italia, è anche quella che ha il maggiore sviluppo di industrie.
22. Gertrude perseguita Lucia, ☐ proteggerla.
23. Sono disposto a qualunque sacrificio ☐ ascoltare dal vivo questo grande pianista.
24. Una volta erano in pochi ☐ potersi permettere la macchina.
25. La difficoltà sta ☐ trovare i mezzi necessari.
26. Mussolini venne fucilato il 28 aprile 1945 insieme alla sua donna, Clara Petacci, che aveva insistito ☐ morire con lui.
27. Non ne posso più ☐ lavorare qui.
28. ☐ averlo ucciso, ne occultò il cadavere.
29. Stendete la pasta con il matterello ☐ ottenere una sfoglia sottile.
30. Preferisco ☐ morire ☐ soffrire.
31. Lui, ☐ sentir la mia voce, scappò via.

32. Mio padre cercava ☐ trattenersi ☐ ridere.
33. ☐ bere in quella maniera così esagerata, ti rovinerai la salute.
34. Le gioie di quel recipiente tondo e piatto chiamato «pietanziera» consistono innanzitutto ☐ essere svitabile. (I. Calvino)
35. Il nonno prese ☐ leggere il giornale.
36. Alcuni Stati italiani si trovarono ☐ passare da una sovranità all'altra.
37. La verità finisce sempre ☐ venir fuori.
38. Non ho molto ☐ dirti.
39. Avevo avuto una bronchite che stava ☐ andarsene.
40. Se tu fossi più ordinato, perderesti meno tempo ☐ cercare le tue cose.
41. E se vi fermaste ☐ mangiare da noi?
42. Preferisco ☐ lavarmi con l'acqua calda.

143. Tradurre:

1. Ich bin gewöhnt, früh aufzustehen.
2. Diese Maßnahmen könnten dazu beitragen, die internationalen Beziehungen zu verbessern.
3. Ich habe vergessen, den Brief einzuwerfen.
4. Es wird schwierig sein, ihn umzustimmen.
5. Das Mädchen begann zu weinen.
6. Er hat es sich in den Kopf gesetzt, Arzt zu werden.
7. Mein Vater hat mir bei den Hausaufgaben geholfen.
8. Ich bleibe lieber zu Hause.
9. Pass auf, dass du nicht stolperst!
10. Es tut mir Leid, dir in dieser Angelegenheit nicht helfen zu können.
11. Lies weiter!
12. Wir haben uns entschlossen, ein Kind zu adoptieren.
13. Er tat, als ob er schliefe.
14. Wir sind gezwungen, das Haus zu verkaufen.
15. Ich habe meinem Freund geraten, sich untersuchen zu lassen.
16. Ich bitte dich, mir zu helfen.
17. Der Richter ermahnte den Angeklagten, die Wahrheit zu sagen.
18. Es fällt mir schwer, es zu glauben.
19. Mein Sohn ist groß genug, es zu verstehen.
20. Ich habe mir vorgenommen, mehrere Fremdsprachen zu lernen.

21. Es war nicht meine Absicht, Sie zu beleidigen.
22. Hast du aufgehört zu rauchen?
23. Ich freue mich, dich wiederzusehen.
24. Ich kann es nicht abwarten, bis ich in Urlaub fahre.
25. Ich schämte mich, es zuzugeben.
26. Darf ich Ihnen in den Mantel helfen?
27. Was gibt es Gutes zu essen?
28. Ich habe eine Stunde gebraucht, um den Brief zu übersetzen.
29. Ich habe meinem Sohn versprochen, mit ihm Fußball zu spielen.
30. Meine Frau ist einkaufen gegangen.
31. Mein Vater schlug mir vor, die Stelle anzunehmen.
32. Mein Cousin hat vor, sich selbständig zu machen.
33. Versucht pünktlich zu sein!
34. Ich habe nicht den Mut, es ihr ins Gesicht zu sagen.
35. Wir sehen uns gezwungen, gerichtlich gegen ihn vorzugehen.
36. Sie wirft ihrem Mann vor, sich nicht genügend um die Kinder zu kümmern.
37. Er bildet sich ein, Napoleon zu sein.
38. Der Polizist fordert uns auf, unseren Wagen woanders zu parken.
39. Ich bin gerannt, um vor ihm anzukommen.
40. Mein Mann neigt dazu, sich in eine Idee zu verrennen.
41. Ich geniere mich, es meinem Lehrer zu sagen.
42. Ich schäme mich, ihn verraten zu haben.
43. Mein Sohn will beim Melken der Kühe zuschauen.
44. Die Kamille ist eine Pflanze, die hilft, die Nerven zu beruhigen.
45. Ihr habt gut daran getan, zu Hause zu bleiben.
46. Man müsste versuchen, das Problem an der Wurzel anzupacken.
47. Sich um eine Katze oder einen Hund zu kümmern kann für ein Kind eine sehr wichtige Erfahrung sein.
48. Ich habe ihm zu verstehen gegeben, dass ich keinen großen Wert darauf lege.
49. Diese günstigen Bedingungen werden dazu beitragen, den Umsatz zu steigern.
50. Es passt mir nicht, den ganzen Sonntag zu Hause bleiben zu müssen.
51. Ich habe ihn laut niesen hören.

144. Tradurre:

1. das Pflanzen einer Eiche
2. beim ersten Auftauchen von Konflikten
3. das Verschwinden der Vegetation
4. das Schreiben einer Grammatik
5. dieses Aufeinanderfolgen von Ereignissen
6. jenes ständige Ankündigen von Katastrophen

145. Tradurre* „können":

1. Leider kann ich nicht zur Hochzeit kommen.
2. Heute kann ich mich nicht konzentrieren.
3. Kannst du Gitarre spielen?
4. Könnten Sie mir sagen, wo die Post ist?
5. Es kann sein, dass er mich besucht.
6. Ich kann kaum gehen.
7. Angela kann noch nicht lesen.
8. Das sind Dinge, die ein Kind nicht verstehen kann.
9. Können Sie Spanisch?
10. Das hättest du mir früher sagen können.
11. Man kann nie wissen.
12. Er schrie, so laut er konnte.
13. Jetzt kann *ich* die ganze Rechnung bezahlen.
14. Kannst du schwimmen?
15. Da kann man nichts machen.
16. Wie kann man nur so dumm sein!
17. Ich kann mich nicht mehr an seine Adresse erinnern.
18. Ich kann nicht umhin, die Einladung anzunehmen.
19. Man könnte meinen, er sei der Chef.
20. Du kannst dir vorstellen, wie wütend ich war.
21. Das kann passieren.
22. Leider habe ich nicht dorthin gehen können.
23. Das kann unmöglich so geschehen sein.
24. Er kann sagen, was er will, ich glaube ihm nicht.
25. Kannst du denn nie pünktlich sein?
26. Wie konntest du nur so etwas machen?
27. Ich kann nicht anders.
28. Du kannst Recht haben.
29. Da kann man nichts machen.

146. Tradurre* „lassen":

1. Ich habe mich röntgen lassen.
2. Lass mich in Ruhe essen!
3. Die Hemden lassen sich besser bügeln, wenn du sie ein wenig einsprengst.
4. Sie lassen sich nur standesamtlich trauen.
5. Lasst euch nicht stören!
6. Du hattest das Licht brennen lassen.
7. Angela und Mario haben sich vor drei Jahren scheiden lassen.
8. Das lässt sich machen.
9. Ich habe mich von seiner Musik inspirieren lassen.
10. Lass dich nicht beeinflussen!
11. Der Papst wird sich operieren lassen müssen.
12. Mit ihr lässt sich reden.
13. Die Sorgen haben ihn vorzeitig altern lassen.
14. Lass ihn sich austoben!
15. Warum hat man ihn durchfallen lassen?
16. Lass mich machen!
17. Geh und lass dir die Haare schneiden!
18. Dein Verhalten lässt zu wünschen übrig.

147. Tradurre* „müssen":

1. Du musst mehr lernen.
2. Man muss aufpassen.
3. Er müsste bald ankommen.
4. Was muss ich da hören?
5. Ich musste einfach lachen.
6. Wir hätten früher tanken müssen.
7. Ich muss mit dir reden.
8. Ihr Mann muss immer meckern.
9. Ich muss mich übergeben.
10. Wir müssen Ihnen leider mitteilen, dass wir keine freien Zimmer mehr haben.
11. Sie müssen zehn Kilo abnehmen.
12. Sie muss als Mädchen sehr schön gewesen sein.
13. Ich habe dorthin gehen müssen.
14. Ich muss mal.
15. Warum müsst ihr euch immer streiten?

16. Es mussten viele Jahre vergehen, bis er sich mit seiner Tochter aussöhnte.
17. Ich muss zum Arzt.
18. Ich muss hinein.
19. Diese Veränderungen mussten zu einer anderen Sicht der Welt führen.
20. Sie mussten meinen Vater geliebt haben.

148. Tradurre* „sollen":

1. Ich weiß nicht, wie ich mich verhalten soll.
2. Sag ihm, er soll auf mich warten.
3. Wer etwas zu sagen hat, soll die Hand heben.
4. Er soll nur kommen!
5. Ihr ehemaliger Verlobter soll sich erhängt haben.
6. Ich soll so etwas gesagt haben?
7. Der Bewerber soll über gute Deutschkenntnisse verfügen.
8. Du sollst nicht töten.
9. Du sollst ruhig sein.
10. Sein Onkel soll steinreich sein.
11. Das soll nicht heißen, dass ich nicht bereit bin, dir zu helfen.
12. Das sollst du mir büßen!
13. Was soll das heißen?
14. Dieses Buch soll ausländischen Studenten einen Zugang zur zeitgenössischen italienischen Literatur bieten.
15. Hier soll das neue Gemeindezentrum entstehen.
16. Wo soll ich die Gläser hinstellen?
17. Du hättest nicht hingehen sollen.
18. Sollte dich jemand fragen, so tu, als wüsstest du nichts davon.
19. Was soll ich mit diesem Kram?
20. Du solltest lieber im Bett bleiben.
21. Sie sollen zum Direktor kommen.
22. Der soll sich zum Teufel scheren!
23. Ich soll Sie von Herrn Peruzzi grüßen.
24. Man hatte ihm gesagt, er solle sich an jemand anders wenden.
25. Woher soll er das wissen?
26. Und wer soll dieser Angelo sein?
27. Das soll Kunst sein!
28. Ein Exhibitionist soll sich in der Nähe des Bahnhofs herumtreiben.

149. Tradurre* „werden“:

1. Inzwischen werden sie in Ancona angekommen sein.
2. Daraus wird nichts werden.
3. Es ist spät geworden.
4. Seine Frau wird 30 Jahre alt sein.
5. Drei Personen wurden bei dem Unfall verletzt.
6. Es wird Winter.
7. Es wird Tag.
8. Was willst du einmal werden?
9. Gestern bin ich 50 geworden.
10. Was ist aus Angelo geworden?
11. Ich bin mit 18 schwanger geworden.
12. Es ist zur Gewohnheit geworden.
13. Ich werde allmählich hungrig.
14. Gestern ist mir in der Straßenbahn schlecht geworden.
15. Mein Vater ist vor einem Monat arbeitslos geworden.
16. Warum ist sie böse geworden?
17. Ich hoffe, dass du bald wieder gesund wirst.
18. Mein Bruder ist zum zweiten Mal Vater geworden.
19. Das Foto ist nichts geworden.
20. Aus diesem Jungen wird noch etwas werden.
21. Aus diesem Fest wird nichts.

150. Tradurre* „wollen“:

1. Er will es uns nicht sagen.
2. Seine Tochter will zum Film.
3. Ich will, dass er sich bei ihr entschuldigt.
4. Das Kind will den Dieb gesehen haben.
5. Davon will ich nichts wissen.
6. Ich wollte gerade weggehen, als das Telefon läutete.
7. Wir wollen hoffen, dass alles gut geht.
8. Ich will dir eins sagen: ...
9. Wollen Sie Platz nehmen?
10. Wollen wir einen Kaffee trinken?
11. Das Fenster will nicht zugehen.
12. Das will nichts heißen.
13. Das will überlegt sein.
14. Und so jemand will Lehrer sein!

Capitolo 17 I modi del verbo (§§ 229-242)

151. Sostituire all'infinito le forme adatte del congiuntivo:

1. Non era bene che una ragazza ☐ (girare) da sola a quell'ora.
2. Gesù assistetemi: fate che io ☐ (riuscire) a soffiarmi il naso in modo tale da non dar scandalo. (G. Guareschi)
3. Beh, non pretenderete forse che io ☐ (convincere) vostra figlia a non sposarsi in chiesa! (Guareschi)
4. Temevo che ☐ (cambiare, 3. Pers. Sing.) idea e non mi ☐ (volere) più vicina.
5. Non credevo ☐ (essere) così difficile.
6. Galileo si persuase che non era vero che la Terra ☐ (essere) ferma, nel centro dell'Universo, ma che ☐ (girare) invece intorno al Sole, insieme con gli altri pianeti.
7. Nell'estremo Sud non è raro che ☐ (essere) il marito a fare la spesa, in modo che la donna non ☐ (avere) neanche quell'occasione di uscita e di contatti.
8. Come potete immaginarvelo, la Fata lasciò che il burattino ☐ (piangere) e ☐ (urlare) una buona mezz'ora, a motivo di quel suo naso che non ☐ (passare) più dalla porta di camera; e lo fece per dargli una severa lezione perché ☐ (correggersi) dal brutto vizio di dire le bugie, il più brutto vizio che ☐ (potere) avere un ragazzo. (C. Collodi)
9. Le leggi delle Dodici tavole prevedevano che i debitori che non pagavano ☐ (essere) fatti a pezzi dai loro creditori.
10. I Romani combatterono moltissime guerre e molte ne vinsero, convinti sempre più che gli dei ☐ (essere) dalla loro parte.
11. Si dice che Michelangelo ☐ (vivere) sempre da povero, anche quando ☐ (guadagnare) bene, e che ☐ (mangiare) e ☐ (dormire) poco.
12. Permette che Le ☐ (fare) una domanda personale, signorina?
13. Il Boccaccio immagina che durante la peste sviluppatasi a Firenze nel 1348 sette giovani donne e tre giovani uomini ☐ (incontrarsi) nella chiesa di S. Maria Novella e ☐ (decidere) di allontanarsi dalla città per sfuggire all'epidemia.
14. Molti Fiorentini, che da tempo ascoltavano le prediche del Savonarola, erano convinti che Carlo VIII ☐ (essere) la giusta punizione, «la spada del Signore» chiamata dal frate nelle sue preghiere perché ☐ (mettere) fine al «regno del male».

15. Mi sembra che tutto ☐ (complottare) contro di me.
16. Lei ha sempre la sensazione che lui non ☐ (prestare) attenzione alle sue parole. Lui vive nel timore che lei ☐ (volere) cambiare la sua vita, i suoi ritmi, le sue abitudini. È davvero così?
17. Napoleone III pensava che ☐ (essere) meglio aiutare il Piemonte a fare un'Italia monarchica prima che i mazziniani ☐ (riuscire) a farne una repubblicana.
18. Federigo tirò il collo al falcone e lo consegnò ad una donna perché lo ☐ (preparare) e lo ☐ (arrostire) allo spiedo.
19. Federigo tira il collo al falcone e lo consegna ad una donna perché lo ☐ (preparare) e lo ☐ (arrostire) allo spiedo.
20. Non esiste alcun dubbio che ☐ (essere) lui il colpevole.
21. Che cosa chiede a un uomo? - Voglio che mi ☐ (corteggiare), che mi ☐ (aprire) la porta, che mi ☐ (portare) fuori a cena. E ☐ (pagare) lui. Insomma, voglio che lui ☐ (essere) l'uomo e io la donna.
22. Era raro che mio fratello ☐ (uscire).
23. Era abitudine che ☐ (essere) la più vecchia delle infermiere a prendere il reparto ufficiali per evitare che ☐ (sorgere) complicazioni fra i due sessi. (S. Agnelli)
24. Cercavamo una camera che ☐ (dare) sul cortile.
25. È un luogo comune che i cani dopo una convivenza con il padrone ☐ (finire) piano piano per assomigliargli. (S.Tamaro)
26. Mia madre non voleva che io ☐ (stare) sempre a casa.
27. Devi fare in modo che la tua vita ☐ (dipendere) soltanto da te stesso.
28. Pare che non si ☐ (sapere) in che cosa ☐ (consistere) la vera e propria cultura.
29. L'81% degli italiani ammette che la donna ☐ (dovere) potere svolgere un lavoro fuori di casa.
30. Galilei nacque a Pisa nel 1564, tre giorni prima che ☐ (morire) a Roma Michelangelo.
31. Io lavoro anche nei momenti in cui sembra che non ☐ (lavorare).
32. Questi fatti stanno a dimostrare come la mafia non ☐ (essere) più un fatto circoscritto alle sole quattro province della Sicilia occidentale ma ☐ (diventare) un fenomeno addirittura nazionale.
33. Sono felice che tu ☐ (essere) guarito.

152. Sostituire all'infinito le forme adatte del congiuntivo:

1. Negli ultimi decenni, si ha troppo spesso la sensazione che i bambini □ (diventare) una presenza scomoda.
2. Fu approvata il 29 maggio '82 una legge che prevedeva forti riduzioni di pena per i terroristi pentiti che □ (collaborare) con la giustizia.
3. Venne istituita nel 1950 la Cassa per il Mezzogiorno per attuare opere straordinarie che □ (favorire) lo sviluppo economico e sociale dell'Italia del Sud.
4. È difficile individuare con precisione in quale epoca □ (svilupparsi) il fenomeno mafioso.
5. L'assuefazione dell'organismo agli stupefacenti fa sì che ne □ (occorrere) dosi sempre maggiori per ottenere lo stesso effetto.
6. Per essere sicuri che la torre di Palazzo Vecchio □ (essere) la più alta della città, si stabilì che quelle private non □ (potere) superare i trenta metri di altezza.
7. L'autista non voleva che noi □ (mangiare) durante il viaggio per non sporcare per terra.
8. Di S. Rocco si racconta che □ (curare) con dedizione i malati, anche quelli colpiti dalla peste e che ne □ (restare) contagiato.
9. Dicono che il 17 □ (portare) sfortuna.
10. Bisognerebbe che il progresso □ (essere) utilizzato al servizio della pace e non della guerra.
11. Molti hanno pensato che il problema della crisi della diffusione del libro □ (essere) un problema di costi elevati.
12. I padri non permettevano che i loro figli □ (incontrarsi) tra di loro.
13. Non esiste paese al mondo che non □ (destinare) gran parte delle risorse alle spese militari.
14. Si vuole evitare che i popoli arretrati □ (ribellarsi) e □ (procedere) sulla via del reale sviluppo.
15. Vogliamo impedire che ciò □ (devastare) la nostra vita e □ (compromettere) le generazioni future.
16. Sarebbe necessario che le Nazioni Unite □ (affrontare) il problema con decisione.
17. Il 74% pensa che le droghe leggere □ (rovinare) la salute, il 41% che □ (potere) uccidere, il 44-45% che □ (spingere) alla violenza, alla delinquenza, alla pazzia.
18. Non mi sembra che □ (esserci) qualcosa di strano.

19. Non si fece nessuna legge che □ (regolare) l'emigrazione o □ (proteggere) gli Italiani all'estero.
20. Gli investigatori non sono convinti che le cose □ (stare) esattamente così.
21. Mia moglie desidera una casa che □ (avere) un po' di verde davanti.
22. Mi farebbe piacere che voi □ (diventare) amici.
23. Il film è stato meno divertente di quanto ci □ (aspettare).
24. Sarebbe meglio che tu glielo □ (dire).
25. Nonostante si □ (sapere) tutto sugli effetti micidiali del fumo, alcool e droga, il loro consumo è sempre alto.
26. La madre di Marianna le ha detto che non le permette di andare in discoteca, a meno che non □ (andare) anche Maria Grazia.
27. Affinché voi non □ (arrivare) a scuola in ritardo, vi darò un passaggio.
28. Che (loro) □ (avere) trovato l'assassino?
29. Che l'uso delle droghe chimiche □ (essere) in aumento costituisce un fenomeno molto allarmante.
30. Nel Suditalia Federico II cercò di costruire uno stato centralizzato che □ (superare) la struttura gerarchica feudale e il sistema delle immunità.
31. La nascita del turismo di massa ha fatto sì che in breve tempo □ (svilupparsi) una vera e propria industria.
32. Cara mamma, vorrei proprio abbracciarti stretta stretta perché tu □ (sentire) quanto ti voglio bene.
33. Supponevo che lui □ (tenerci) a fare il medico.
34. Non c'era nessuno che la □ (consolare).
35. Che l'unità dell'Impero Romano non □ (esistere) più era già evidente da tempo.
36. In media passano otto/nove anni prima che una persona contagiata □ (sviluppare) la malattia.
37. Non ci sono spiegazioni plausibili su come □ (formarsi) l'immagine sulla Sindone.
38. Si suppone che i veneziani □ (impossessarsi) del leone di S. Marco ai tempi della prima crociata.
39. Nel caso che il frullatore □ (fermarsi) di colpo, lo □ (spegnere) per qualche minuto e poi lo □ (riaccendere) perché non □ (surriscaldarsi).

153. Mettere al presente:

1. Il padre voleva che parlasse sempre, e dicesse tutto quello che sapeva.
2. Aveva paura che uscisse di casa, che una donna lo stregasse, che gli soffiassero qualche maledetta polvere addosso. (C. Levi)
3. Michelangelo otteneva ottimi risultati in qualunque campo si applicasse.
4. Il maresciallo tossì con significato: non ammetteva che si facesse allusione scherzosa a persone o cose che in qualche modo avessero a che fare con la religione.
5. Cara mamma, vorrei proprio abbracciarti stretta stretta perché tu sentissi quanto ti voglio bene.
6. Supponevo che lui ci tenesse a fare il medico.
7. Rimanemmo ad aspettare che arrivasse qualche mezzo di trasporto.
8. Il ragazzo sobbalzò, meravigliato che io conoscessi il suo cognome. (G. Mosca)
9. Pensavo che i suoi fratelli avessero ragione.
10. Mio padre voleva che io studiassi legge.

154. Tradurre:

1. Ich will, dass ihr italienisch sprecht.
2. Hoffen wir, dass morgen schönes Wetter ist.
3. Es ist schade, dass ihr nicht kommen könnt.
4. Glaubst du, dass er die Hausaufgaben immer alleine macht?
5. Es kann sein, dass er sich geirrt hat.
6. Ich freue mich, dass du es geschafft hast.
7. Ich werde kommen, obwohl mich das Thema nicht sehr interessiert.
8. Falls es regnet, nehmen wir ein Taxi.
9. Es ist besser, wenn du es ihr sofort sagst.
10. Es ist möglich, dass er es sich anders überlegt hat.
11. Ich werde es nochmals erklären, vorausgesetzt, ihr passt auf.
12. Es scheint mir, dass ihr zu viel arbeitet.
13. Man muss vermeiden, dass sich Klümpchen bilden.
14. Ich behaupte nicht, dass sie es absichtlich gemacht haben.
15. Es ist eine Schande, dass man ihn so behandelt.
16. Es tut mir Leid, dass ihr nicht länger bleiben könnt.

17. Es gibt niemand, der mir helfen kann/könnte.
18. Vincenzo sagt, er kenne ihn gut.
19. Es ist nicht wahr, dass seine Schwester mehr verdient als ich.
20. Ich muss mein Zimmer aufräumen, bevor meine Freundin kommt.
21. Morgen spielen wir Fußball, es sei denn, es regnet.
22. Das bedeutet nicht, dass alle mit dem Ergebnis zufrieden wären.
23. Das ändert nichts daran, dass die Niederlage verdient ist.
24. Ich hatte Angst, sie hätten uns vergessen.
25. Ich wünsche mir, dass ihr gut nach Hause kommt.
26. Ich will nicht, dass du dorthin gehst, ohne dass ich es weiß.
27. Mein Vater wollte, dass ich Jura studierte.
28. Es heißt, dass unser Chef wieder heiraten will.
29. Es scheint, dass er wieder gesund ist.
30. Ich habe den Eindruck, dass sein Vater sich aus dem Geschäft zurückziehen will.
31. Es ist möglich, dass seine Eltern es noch nicht wissen.
32. Ich vermute, dass deine Mutter mit dem Zehn-Uhr-Zug kommt.
33. Es ist nicht gesagt, dass sie dir die ganze Geld zurückerstatten.
34. Es ist unwahrscheinlich, dass die Gewerkschaft diese Bedingungen akzeptiert.

155. Tradurre*:

1. Ich möchte, dass ihr mir sagt, wo ihr gestern Abend gewesen seid.
2. Es wäre Zeit, dass du dich an die Arbeit machst.
3. Es war logisch, dass er nicht alles erzählen wollte.
4. Wenn es doch wahr wäre!
5. Wir hofften, sie würden sich wieder versöhnen.
6. Dass der Hund Ihnen gehört, müssen Sie beweisen.
7. Wir waren überzeugt, dass sich die Lage zu seinen Gunsten entwickeln würde.
8. Man könnte meinen, er nehme Drogen.
9. Es gab niemand, der uns hätte helfen können.
10. Ich fürchtete, mein Sohn würde seine Meinung ändern.
11. Er war sicher, dass seine Frau ihm treu wäre.
12. Diese Mathematikaufgabe war zu schwer, als dass Angelo sie hätte lösen können.

13. Ich verstehe, dass Maria es uns nicht sagen will.
14. Es kommt selten vor, dass unser Lehrer sich täuscht.
15. Wir haben uns sehr gefreut, dass Sie unsere Einladung angenommen haben.
16. Ich habe mich darüber geärgert, dass er mir nicht die Wahrheit gesagt hatte.
17. Pass auf, dass die Kinder nicht zu nahe ans Ufer gehen!
18. Mir geht es darum, dass er sein Studium fortsetzt.
19. Es geht darum, dass die Schuldigen gefunden werden.
20. Ich beantrage, dass dieser Punkt auf die Tagesordnung gesetzt wird.
21. Ich möchte nicht, dass du mich falsch verstehst.

156. Mettere al passato:

1. A me basterebbero 100 euro.
2. Ci potremmo andare.
3. Così si potrebbero sposare.
4. Lei non se ne andrebbe senza avvertirci.
5. Si potrebbe scendere una fermata prima.
6. Non se ne accorgerebbe nessuno.
7. Questo non servirebbe a nulla.
8. Che cosa faresti al mio posto?

157. Sostituire all'infinito la forma adatta del verbo:

1. Sarebbe una pazzia se tu lo □ (fare).
2. Se la □ (vedere), gliel'avrei detto.
3. Se li □ (vedere), salutameli.
4. Se non □ (essere) vero, è ben trovato.
5. Se □ (studiare) di più, sarebbero stati promossi.
6. Se io □ (essere) nei tuoi panni, non lo farei.
7. Mi sarei comportato diversamente se loro □ (essere) più gentili.
8. Se mia zia mi □ (dare) questi soldi, mi metterei in proprio.
9. Se □ (stare) meglio, potrei partecipare alla gita.
10. Se □ (fare) bel tempo, andremmo allo zoo.
11. Se mi □ (ascoltare), non ti troveresti in questo impiccio.
12. Se □ (potere) tornare indietro nel tempo, rifarei le stesse scelte.
13. Se □ (avere) tempo, mi sarei fermato di più.
14. Se mio marito □ (fumare) di meno, sarebbe meglio.
15. Sarei arrivata in tempo, se non □ (esserci) troppo traffico sull'autostrada.

158. Tradurre*:

1. Wenn es regnet, verschieben wir den Ausflug.
2. Wenn du mich angerufen hättest, hätte ich dich vom Bahnhof abgeholt.
3. Wenn es wahr wäre, wäre ich froh.
4. Wenn wir es gewusst hätten, hätten wir es dir gesagt.
5. Wenn du mehr lernen würdest, würdest du bessere Noten schreiben.
6. Ich würde mich freuen, wenn du mich besuchen würdest.
7. Was hättest du gemacht, wenn er nicht mehr zurückgekommen wäre?
8. Wenn du dich beeilt hättest, hätten wir den Zug nicht verpasst.
9. Wenn du weniger rauchen würdest, würdest du dich wohler fühlen.
10. Wenn du die Rechenaufgabe nicht lösen kannst, helfe ich dir.
11. Wenn ich du wäre, würde ich diese Bedingungen nicht akzeptieren.
12. Wenn ihr besser gespielt hättet, hättet ihr gewonnen.
13. Wenn du das Buch gelesen hättest, wüsstest du es.
14. Wenn morgen schönes Wetter ist, besuche ich dich.
15. Wenn ich an deiner Stelle wäre, würde ich mir das nochmals überlegen.
16. Wenn mein Sohn sich mehr angestrengt hätte, hätte er es geschafft.
17. Wenn du nicht so viele Bonbons gegessen hättest, hättest du kein Bauchweh.
18. Wenn wir wollen, dass alles bleibt, wie es ist, muss sich alles ändern. (G. Tomasi di Lampedusa)
19. Wenn ich diesen Kredit bekommen hätte, hätte ich mich selbständig machen können.
20. Wenn du gestern Abend weniger getrunken hättest, hättest du heute Morgen keine Kopfschmerzen.
21. Wäre er nicht so gerast, wäre es nicht zu dem Unfall gekommen.
22. Es wäre besser, wenn er sich auf das Allernotwendigste beschränken würde.
23. Wenn ihr mit größerem Einsatz gespielt hättet, hätten wir das Spiel nicht verloren.
24. Wenn es ein Motorschaden ist, dann gute Nacht!

25. Wir wären an den Strand gegangen, wenn es nicht so windig gewesen wäre.
26. Wenn wir es vorher gewusst hätten, hätten wir uns anders verhalten.
27. Wenn du mich brauchst, ruf mich.
28. Wenn ihr besser aufgepasst hättet, hättet ihr nicht so banale Fehler gemacht.
29. Wenn Giovanni nach mir fragen sollte, sag ihm, dass ich im Büro bin.
30. Wenn man Fahrrad fährt, bleibt man fit.
31. Wenn das Wörtchen «wenn» nicht wär, wär mein Vater Millionär. (= Wenn meine Großmutter (die) Räder hätte, wäre sie eine Schubkarre).
32. Wenn ich deine Ratschläge befolgt hätte, hätte ich mich blamiert.
33. Wenn sie rechtzeitig gewarnt worden wären, hätten sie sich retten können.
34. Euer Sohn hätte eine glänzende Karriere machen können, wenn er ehrgeiziger gewesen wäre.
35. Wenn du fertig gegessen hast, räum den Tisch ab.
36. Ich würde gern mit euch nach Florenz fahren, wenn ich nicht gerade vor vierzehn Tagen dort gewesen wäre.
37. Wenn du weniger schreien würdest, würdest du mehr erreichen.
38. Wenn ich nicht rechtzeitig gebremst hätte, hätte ich einen Radfahrer angefahren.
39. Ich fahre lieber nicht in Urlaub, wenn ich für alle kochen muss.
40. Wenn du wüsstest, wie viele Witze wir uns in der Klasse erzählen!
41. Wenn schönes Wetter gewesen wäre, hätten wir im Freien trainieren können.
42. Wer hätte es geglaubt, wenn man es uns vorher gesagt hätte?
43. Ich würde lügen, wenn ich sagen würde, dass ich es nicht wusste.
44. Wenn ich Englisch könnte, hätten sie mich eingestellt.
45. Wenn wir es früher gewusst hätten, hätten wir etwas organisieren können.
46. Wenn du den Krimi gelesen hättest, wüsstest du, wer der Mörder ist.

159. Tradurre:

1. An deiner Stelle würde ich es nicht tun.
2. Das wäre ein Nachteil.
3. Wir hätten uns geeinigt.
4. Ich soll so etwas gesagt haben?
5. Was soll das heißen?
6. Er sagte, er werde mir helfen.
7. Die Tat soll von einem Verbrecher begangen worden sein, der einige Tage zuvor aus dem Gefängnis ausgebrochen war.
8. Ich würde sagen, dass er Recht hat.
9. Würde ich sagen, dass er Recht hat, wärst du beleidigt.
10. Man könnte meinen, er habe im Lotto gewonnen.
11. Das täte dir gut.
12. Die Geiseln sollen schon vor einigen Tagen freigelassen worden sein.
13. Auch ihr hättet euch amüsiert.

160. Il medico dice al signor Rossi:

1. □ (Aprire) la bocca.
2. □ (Farmi) vedere la lingua.
3. □ (Tossire).
4. □ (Fare) un respiro profondo.
5. □ (Trattenere) il respiro.
6. □ (Spogliarsi), per favore.
7. □ (Accomodarsi) sul lettino.
8. □ (Prendere) una compressa prima di andare a letto.
9. □ (Riguardarsi).
10. □ (Attenersi) alle prescrizioni.
11. □ (Rimanere) a letto ancora per due giorni.
12. □ (Smettere) di fumare.
13. □ (Evitare) gli alcolici.
14. □ (Cercare) di dimagrire.
15. □ (Controllarsi) nel mangiare.
16. □ (Bere) tisane leggermente lassative.
17. □ (Consumare) molte fibre e vitamine.
18. □ (Ridurre) i cibi grassi.
19. □ (Fare) degli esercizi di ginnastica.
20. □ (Tornare) da me per un controllo.

161. Fate un po' di ginnastica:

1. Con i piedi uniti, □ (piegarsi) e □ (appoggiare) le mani a terra.
2. □ (Distribuire) il peso tra le braccia e i piedi.
3. □ (Stendere) un po' le gambe.
4. □ (Mantenere) la posizione per venti secondi.
5. □ (Ripetere) quattro volte.
6. □ (Sdraiarsi) a terra.
7. Inspirando □ (flettere) la gamba sinistra portandola al petto e □ (afferrarla) per la coscia.
8. Espirando □ (stenderla) lentamente verso l'alto.
9. □ (Tenere) la posizione per venti secondi e poi □ (rilassarsi).
10. Poi □ (eseguire) lo stesso esercizio con l'altra gamba.

162. Mettere al singolare:

1. Fatecelo sapere il più presto possibile.
2. Non andatevene.
3. Sedetevi.
4. Diteglielo.
5. State comodi.
6. Datemene ancora un po'.
7. Non preoccupatevi.
8. Andatelo a dire a Giovanni se avete il coraggio.
9. Abbiate un po' di pazienza!
10. Comportatevi come se niente fosse successo.
11. Non offendetevi.
12. Andatevene una volta per tutte!

163. Tradurre:

1. Ruf mich gegen Abend an!
2. Kommen Sie (Sing.) sofort!
3. Geh weg!
4. Zeigt ihm die Fotos!
5. Geben Sie mir 2 Kilo davon.
6. Bleiben Sie (Sing.) zu Hause!
7. Einigt euch!
8. Gib ihm zu essen!
9. Wenden Sie (Pl.) sich an den Polizisten!
10. Machen Sie sich (Sing.) keine Sorgen!

Capitolo 18 Il passivo (§§ 243-248)

164. Sostituire all'infinito la forma adatta del verbo:

1. La leggenda racconta che Roma □ (fondare, p. rem.) da Romolo, personaggio dalla vita molto singolare. Figlio del dio Marte e di Rea Silvia, □ (abbandonare, trap. pross.), insieme al fratello gemello Remo, sulle rive del Tevere e si era salvato perché una lupa gli aveva dato il suo latte.
2. Sui fatti dei primi secoli di Roma non sappiamo molto. La città □ (governare, p. rem.) in un primo tempo da Re, ma sicuramente essi furono più dei sette che la tradizione ricorda. I Re □ (eleggere, imperf.) dai cittadini ricchi e nobili, i patrizi, ed avevano poteri assoluti *(imperium)* solo in guerra.
3. I plebei □ (costringere, p. r.) a lottare duramente per conquistarsi alcuni diritti. La prima vittoria □ (ottenere, p. r.) dalla plebe nel 450 con le leggi scritte, dette delle Dodici Tavole, perché □ (incidere, p. rem.) su dodici tavole di legno. Queste leggi rimasero per molti secoli il fondamento del diritto romano e □ (fare, imperf.) imparare a memoria anche ai bambini delle scuole. (M. C. Peccianti, Storie della storia d'Italia)

165. Formare delle frasi passive con gli elementi indicati:

1. le piogge acide - i boschi - nel mondo industrializzato - danneggiare [pres.]
2. diffondere - quasi tutti i giornali - questa notizia [pass. rem.]
3. il raccolto - la troppa pioggia - rovinare [trapass. pross.]
4. il professore - non ancora - i compiti - restituire [pass. pross.]
5. il bidello - le chiavi - ritrovare [trapass. pross.]
6. la bambina - un camion - investire [pass. pross.]
7. di due mesi - le elezioni - anticipare [fut. sempl.]
8. l'incendio - un corto circuito - provocare [fut. ant.]
9. in geografia - oggi - io - interrogare [pass. pross.]
10. tutti i paesi membri - il trattato - sottoscrivere [trapass. pross.]
11. Etruschi - Bologna - fondare - con il nome di Felsina nel VI sec. a. C. [pass. rem.]
12. le pozzanghere - le luci dei lampioni - riflettere [pres.]
13. una banda di ladri - svaligiare - la banca [pass. rem.]

166. Mettere al passivo:

1. Le zecche possono trasmettere alcuni virus.
2. Un gruppo di estremisti sequestrò una giovane donna.
3. Il 17 febbraio 1861 il nuovo Parlamento proclamò Vittorio Emanuele Re d'Italia.
4. Nel settembre 1870 i Prussiani sconfissero i Francesi a Sedan.
5. Hanno ritrovato la macchina rubata nei pressi della discarica.
6. Ci aveva informato un amico.
7. Ogni anno, più di due milioni di turisti visitano San Marino.
8. Avevano fatto uscire la gente dalla hall.
9. I Romani occuparono la Sardegna nel III secolo a.C.
10. L'imperatore Nerone ordinò la prima persecuzione dei cristiani.
11. I gas tossici inquinano l'atmosfera.
12. L'arbitro ha espulso tre giocatori.
13. Mi trattavano da stupida.
14. Gli alleati avevano liberato Roma senza sparare un colpo.
15. Gli scioperi potrebbero compromettere il turismo.
16. In Germania, il socialista August Bebel appoggiò il femminismo.
17. Gli imperatori avevano preso vari provvedimenti.
18. Il grande linguista Graziadio Isaia Ascoli sostenne una posizione diversa da quella del Manzoni.
19. Il Collegio dei Cardinali elegge il Pontefice.
20. Il 26 settembre 1997 due scosse di terremoto colpirono l'Umbria e le Marche.
21. Generalmente gli stranieri giudicano gli italiani come un popolo profondamente religioso.
22. Gli storici considerano la deposizione di Romulo Augustolo da parte di un capo barbaro come la fine ufficiale dell'epoca antica.
23. Nel 1899 Giovanni Agnelli fonda la FIAT.
24. Nel 1593 i veneziani hanno costruito Palmanova come fortezza contro la minaccia dei turchi.
25. L'arbitro ammonì il giocatore per un fallo di mano.
26. Ci hanno offerto due biglietti per il concerto rock.
27. Le indagini della magistratura e le confessioni dei pentiti hanno inferto duri colpi alle cosche.
28. Nel 1560, Cosimo I de' Medici incaricò l'architetto Giorgio Vasari di progettare un grande palazzo, dove riunire tutti gli "uffizi", incaricati di svolgere il lavoro amministrativo della città.

167. Trasformare le frasi secondo il modello seguente:
Bisogna riscrivere la lettera. → La lettera va riscritta.

1. Bisogna leggere le frasi con molta attenzione.
2. Bisogna creare strutture sociali adeguate ai bisogni dei bambini.
3. Bisogna stendere il prodotto sulla pelle ben pulita.
4. Bisogna risolvere questi problemi il più in fretta possibile.
5. Bisogna appendere quel quadro un po' più su.
6. Bisogna gettare i rifiuti nell'apposito contenitore.
7. Bisogna difendere la lingua dall'uso eccessivo di termini stranieri.
8. Bisognerà demolire quel ponte pericolante.
9. Bisognerebbe piantare nuovi alberi per proteggere il suolo.
10. Bisogna anche dire che molte cose sono cambiate in meglio.

168. andare - venire?

1. L'attività produttiva va/viene comunemente divisa in tre grandi settori: il primario, il secondario e il terziario.
2. Questa faccenda va/viene sbrigata entro venerdì.
3. Le idee vanno/vengono lasciate sedimentare un poco.
4. Ogni anno Venezia va/viene visitata da 10 milioni di turisti.
5. Sono fattori che vanno/vengono presi in considerazione.

169. Tradurre*:

1. Il mio vicino si è visto portare via la macchina da sotto casa.
2. La donna è da giorni oggetto di intimidazioni telefoniche.
3. Un transessuale si è visto negare il consenso a un cambiamento di sesso.
4. Due turiste sono rimaste uccise in un incidente stradale.
5. In Toscana un incidente nella galleria del Melarancio - sulla A2 - ha visto coinvolti sei autoveicoli. (Bresciaoggi)
6. Brughera si è fatto battere dal connazionale Barasategui.
7. Altre persone, invece, al momento in cui facevano richiesta per essere ricoverate, si sarebbero sentite rispondere che non c'era disponibilità di posti letto, a meno che non sborsassero la mazzetta. (Corriere della Sera)
8. Una ragazza della Cnn, la tv delle notizie, ha avuto il mento portato via dal proiettile di un cecchino. (Epoca)
9. Ma come mai mi sono fatto mandare al confino? (C. Levi)

170. Trasformare le frasi secondo il seguente modello:
Domani partiamo alle otto. → Domani si parte alle otto.

1. Cosa facciamo stasera?
2. A che ora usciamo?
3. Non ci capiamo niente.
4. Stasera andiamo al cinema.
5. Ci laviamo alla fontanella pubblica.

171. Sostituire le forme passive con il *si* passivante:

1. Questa parola non viene più usata.
2. I ribelli furono severamente puniti.
3. Quasi nessuna gravità viene attribuita ai peccati sessuali.
4. Per costruire industrie, case, strade, autostrade, villaggi turistici vengono bruciati boschi, saccheggiati i letti dei fiumi, livellate colline.
5. Vengono spese somme enormi per risanare il centro storico.
6. La foresta vergine perde milioni di ettari perché vengono aperte strade, costruiti villaggi ecc.
7. Il popolo venne convocato in piazza.
8. Oggi vengono creati falsi bisogni per soddisfare la produzione.
9. Non vengono accettati assegni.
10. Dove vengono custoditi questi documenti?

172. Mettere al passato:

1. Non si mette in dubbio la loro sincerità.
2. Ci si mettono due ore per arrivarci.
3. Non si capisce perché.
4. Si arriverebbe verso le dieci.
5. Si comincia a ridurre il personale.
6. Non si possono risolvere tutti i problemi.
7. Si continuano a impiegare le tecniche più moderne.
8. Nei paesi industrialmente avanzati si creano i mezzi e le condizioni per liberare e valorizzare le energie giovanili.
9. Si applicano diversi metodi.
10. Si dovrebbero eliminare questi ostacoli.
11. Si parte alle otto.
12. Non si fanno eccezioni.
13. Si devono fare compromessi.

14. Le concentrazioni più numerose di immigrati si hanno nelle due città maggiori, Roma e Milano.
15. Non ci si torna più.
16. Non gli si offre la possibilità di scegliere il tipo di governo.
17. Si passa da una dominazione politica a una dipendenza economica.
18. In Italia si ha uno sviluppo economico che si risolve ad esclusivo vantaggio dei gruppi nazionali di potere.
19. Si ricorre a sostanze tossiche.
20. Si dovrebbe creare un'organizzazione di vendita.
21. Nel 1861 si hanno migliaia di morti nei comuni ai piedi del vulcano.
22. Risultati migliori si hanno nel campo della decolonizzazione.
23. Si potrebbe scendere una fermata prima.
24. Non si fanno più tanti figli.
25. Le soluzioni proposte si rivelano del tutto inadeguate: si affrontano rimedi per migliorare lo stato fisico dei vecchi, ma non si riesce ad evitare il loro isolamento.
26. Si costruiscono grandi edifici pubblici, si sistemano strade e palazzi, si fanno nuovi ponti, si inizia la costruzione del duomo.

173. Tradurre* „man“:

1. Man hat viele Vorteile.
2. Man ist nur einmal jung.
3. Mit ihnen hat man viele Probleme.
4. Man weiß nie!
5. Man kann einen Russisch-Kurs belegen.
6. Diese Probleme kann man nicht von heute auf morgen lösen.
7. Gewisse Dinge sagt man nicht.
8. Man sieht es an seinem Verhalten.
9. Man muss diese Regeln einhalten.
10. Man kümmert sich nicht darum.
11. Man gewöhnt sich daran.
12. Man muss mehr sparen.
13. Durch Fehler lernt man.
14. Man macht weiterhin die gleichen Fehler.
15. Für dieses Kleid braucht man zwei Meter Stoff.
16. Man kann sie (= die Berge) von weitem sehen.

17. Man hat viele Versuche unternommen, um die Lage zu verbessern.
18. Man kann mit diesem Ergebnis nicht zufrieden sein.
19. Man kommt todmüde nach Hause.
20. Man braucht zwei Stunden, um die Wohnung aufzuräumen.
21. Man hat immer erst eingegriffen, nachdem das Unglück geschehen war.
22. Man fängt an, sich mit diesem Problem zu beschäftigen.
23. Man darf nicht zu idealistisch sein.
24. Diese Dinge kann man nicht vertuschen.
25. Oft wird man nicht verstanden.
26. Man ist zu einem anderen Thema übergegangen.
27. Man kann nicht alle Fehler vermeiden.
28. Vielleicht hätte man eine andere Lösung finden können.
29. Man ist bereit, ein Spiel in sengender Hitze zu verfolgen.
30. Mich hat man nicht eingeladen.
31. Man merkt es nicht.
32. Obwohl man viel arbeiten muss, ist man zufrieden.
33. Ich hoffe, dass man mir verzeiht.
34. Man muss sich waschen.
35. Man hat sich getäuscht.
36. Man kauft sich viele nutzlose Dinge.
37. Bevor man eine Moschee betritt, zieht man sich die Schuhe aus.
38. Auf diese Weise kann man die Abwehrkräfte stärken.
39. Man heiratet weniger und lässt sich mehr scheiden.
40. Man ist gezwungen, jede Arbeit anzunehmen.
41. In diesem Fall hätte man mehr Probleme gehabt.
42. Wenn man entlassen ist, ist man ausgeschlossen.
43. Wenn man schwanger ist, muss man sich schonen.
44. Man sieht es an seinem Verhalten.
45. Man erhöht die Dosen, um dieselbe Wirkung zu haben.
46. Man wundert sich darüber.
47. In diesem Dorf lebt man ruhig.
48. Man muss an sich selbst arbeiten.
49. Sie werden Mütter in einem Alter, in dem man gewöhnlich Großmutter ist.
50. Man braucht wenig, um glücklich zu sein.
51. Als Frau wird man ausgenützt.

174. Trasformare le frasi secondo il modello seguente:
Non si usa più questa espressione. → Questa espressione non viene più usata.

1. Per assicurare il successo si mette in moto una propaganda pubblicitaria cui è difficile sottrarsi.
2. Come si possono evitare questi pericoli?
3. Non si sono ancora raggiunti tutti questi obiettivi.
4. Si costruirà uno stadio nuovo.
5. Per favorire il turismo si sono fatte strade più comode.
6. Nelle colline si produce soprattutto vino.
7. Dal legno del pioppo si estrae la cellulosa con cui si fa la carta.
8. Non si fecero compromessi.
9. Non si erano ancora pagati tutti i debiti.
10. Si accettano contributi sia in italiano che in tedesco.
11. Lo sciopero può attuarsi sotto diverse forme.
12. Diversi sono i metodi che si applicano.
13. Si accusano i meridionali della diffusione del crimine organizzato.
14. Negli ultimi anni si sono fatti vari tentativi per sconfiggere il potere mafioso.

175. Mettere all'attivo:

1. La riunione è stata aperta dal presidente d'istituto.
2. Questi oggetti erano stati ritrovati da un contadino.
3. Questa cattedrale venne consacrata dal vescovo di Aquileia.
4. L'affresco è attribuito da molti ad Antonio da Firenze e allievi.
5. Un turista straniero fu aggredito da due rapinatori.
6. In questo caso il sostantivo è preceduto dall'aggettivo.
7. Il problema della famiglia viene esaminato sotto diverse angolazioni da esperti di vari paesi.
8. Enrico IV di Borbone fu ucciso dal frate F. Ravaillac.
9. Anche mia sorella è stata invitata.
10. Questo libro dovrebbe essere letto da tutti.
11. Roma venne saccheggiata dai barbari.
12. La teoria copernicana non fu accettata dalla Chiesa.
13. Oggi la via principale verrà asfaltata dagli stradini.
14. Vorrei che l'orologio fosse controllato dall'orologiaio.
15. Molte volte il Ponte Vecchio fu distrutto dal fiume.

176. Tradurre:

1. Die Stadt wurde durch ein Erdbeben zerstört.
2. Die beiden Jungen sind von einer Verkäuferin beim Diebstahl zweier CD überrascht worden.
3. Morgen wird der neue Bürgermeister gewählt werden.
4. Inter wurde von Juventus 2:1 geschlagen.
5. Wir wurden sehr freundlich empfangen.
6. Warum ist er vom Platz gestellt worden?
7. Der Glockenturm wurde von einem Blitz getroffen.
8. Dort wird ein Altersheim gebaut.
9. Ich will nicht gestört werden.
10. Ein solcher Vorschlag würde nie angenommen werden.
11. 1799 wurde Florenz von Napoleons Truppen besetzt.
12. Die Pressekonferenz des amerikanischen Präsidenten ist vom chinesischen Fernsehen übertragen worden.

177. Tradurre*:

1. Dem Angestellten wurde gekündigt, weil er gestohlen hatte.
2. Auch mir wurde von niemandem geholfen.
3. An jenem Abend wurde viel gegessen und getrunken.
4. In Kürze wird sie geschieden.
5. In Italien werden viele Dialekte gesprochen.
6. Meiner Meinung nach hätte diese Katastrophe vermieden werden können.
7. Bei seinem Vorstellungsgespräch wurde er gefragt, wie viele Fremdsprachen er könne.
8. Nicht alle Probleme konnten bis jetzt gelöst werden.
9. Um wie viel Uhr wird gefrühstückt?
10. Werden Sie schon bedient?
11. Eine Bank ist überfallen worden.
12. Im «Manzoni» wird ein Film von Fellini gegeben.
13. Die Geschirrspülmaschine müsste repariert werden.
14. Bei dem Zusammenstoß wurden sechs Personen verletzt.
15. Wann wird geheiratet?
16. In ganz Italien wird gestreikt.
17. Dante wurde in Florenz geboren.
18. In diesem Werk wird das Problem der Familie von Fachleuten verschiedener Disziplinen aus verschiedenen Blickwinkeln untersucht.

19. Der Minister soll wegen Kreislaufbeschwerden ins Krankenhaus eingeliefert worden sein.
20. Diese Angaben müssten noch überprüft werden.
21. Diejenigen Arbeiter, die sich nicht mit den Streikenden solidarisieren, werden als Streikbrecher bezeichnet.
22. Nicht alle Schwierigkeiten konnten aus dem Weg geräumt werden.
23. Um 5 Uhr wird geweckt.
24. Über tausend Menschen werden vermisst.
25. Um baldige Antwort wird gebeten.
26. Von wem bist du angerufen worden?
27. Ihre Frage kann mit einem klaren Nein beantwortet werden.
28. Herr Pirera, Sie werden am Telefon verlangt.
29. Bist du schon gemustert worden?
30. Der Verlag wurde vom Vatikan stark unter Druck gesetzt.
31. Heute wird unser Nachbar beerdigt.
32. Die Hecken gehören geschnitten.
33. Heute Morgen wurde nach dir gefragt.

178. Traduzione:**

In Geschäften, Kaufhäusern und Supermärkten wird immer mehr gestohlen; ein Zustand, der nicht länger hingenommen werden kann. Was wurde von den Inhabern und Firmenleitungen bis jetzt gegen diese Diebstähle unternommen? Das Personal wurde geschult, teure Überwachungsanlagen mit Fernsehkameras wurden installiert, über Ladendiebe wurde Hausverbot verhängt, und bei der Polizei wurde Anzeige erstattet. Aber trotz all dieser Maßnahmen konnte die Zahl der Ladendiebstähle nicht entscheidend verringert werden. Über deren Ursache ist schon viel gesagt und geschrieben worden. Offensichtlich wird von vielen Kunden das Prinzip der Selbstbedienung «falsch verstanden». Hinzukommt, dass die Geschäfte, besonders die großen, immer anonymer geworden sind, und die Ladendiebe glauben, dass von ihnen niemand persönlich ein Schaden zugefügt wird. Das Problem des Ladendiebstahls kann nur dadurch gelöst werden, dass den Menschen die geschwundene Achtung vor dem Eigentum wieder vermittelt wird.

(nach: J. Jeske in: Hüning, Deutschstunden)

Capitolo 19 L'avverbio (§§ 249-258)

179. Completare:

1. Mio zio parla □ (corrente) il russo.
2. Mio nonno stava □ (comodo) seduto in poltrona.
3. Ti sei comportato □ (vero) □ (cattivo).
4. Me ne occuperò io □ (personale).
5. Mio marito guadagna □ (buono).
6. □ (Probabile) non lo conosceva neanche.
7. La diffusione e l'uso della lingua nazionale si sono □ (profondo) modificati nella seconda metà del XX secolo, □ (particolare) a partire dagli anni Sessanta.
8. La pronuncia di un veneto è □ (immediato) distinguibile da quella di un napoletano.
9. Sono □ (felice) fidanzata con un venticinquenne.
10. □ (Fisico), Lorenzo dei Medici non aveva nulla d'attraente.
11. Marco e Alessandra si amano □ (folle).
12. □ (Attuale) il Vesuvio «dorme».
13. Abbiamo un'economia □ (prevalente) agricola.
14. Ci sono molti centri □ (artistico) importanti.
15. Ogni straniero che viene in Italia, □ (speciale) se viene per imparare la lingua, apprende molto presto che la «vera lingua italiana» si parla in Toscana.
16. □ (Economico) l'Italia è un paese in trasformazione dove si sta □ (forte) affermando il settore terziario.
17. Il mormorio che era cresciuto □ (graduale) mentre l'aula si riempiva, cessò □ (improvviso).
18. Lo andiamo a trovare □ (regolare) due volte al mese.
19. Tutti furono □ (ovvio) molto scontenti.
20. Gli ho dato □ (gratuito) delle lezioni di latino.

180. Aggettivo o avverbio?

1. Questi pantaloni sono costati □ (caro).
2. I ragazzi erano tutti vestiti □ (uguale).
3. La ragazza si tiene molto □ (dritto).
4. Ero □ (leggero) preoccupata mentre aspettavo questa strana donna.
5. In lieta compagnia le ore fuggono □ (veloce).

6. L’acqua del fiume scorre ☐ (lento).
7. Le mie giornate trascorrono tutte ☐ (uguale).
8. Camminavamo ☐ (svelto), per paura di fare tardi.
9. Noi mangiamo molto ☐ (sano).
10. Le rondini volano ☐ (alto).
11. Tenete ☐ (duro)!
12. Mia suocera mangia ☐ (genuino).
13. Non volevo spendere tanto, ma lo compro ☐ (uguale).
14. Gli alunni mi guardano ☐ (fisso).
15. Siete arrivati ☐ (giusto).
16. Andate sempre ☐ (dritto) fino in fondo alla strada.
17. Angela, stai ☐ (zitto).
18. Non arrivano mai ☐ (puntuale) agli appuntamenti.
19. Perché non vesti più ☐ (giovane).
20. I bambini corsero ☐ (difilato) a casa.
21. Il caffè lo bevo ☐ (bello) caldo.
22. È una donna che veste molto ☐ (elegante).
23. Ragazze, piantatela di litigare e state ☐ (buono).

181. Tradurre:

1. Mein Vater verdient gut.
2. Ich spreche fließend Englisch und Französisch.
3. Sprich leise!
4. Das ist eine schlecht ausgeführte Arbeit.
5. Verkäuferinnen verdienen schlecht.
6. Die Preise sind leicht gestiegen.
7. Dieses Problem lässt sich leicht lösen.
8. Geht ihr immer so langsam?
9. Wir sind ganz nass angekommen.
10. Die Flasche ist halb leer.
11. Wir wurden mündlich abgehört.
12. Nehmt ihn freundlich auf!
13. Meine Kollegin ist ständig krank.
14. Zwei Arbeiter sind schwer verletzt.
15. Ich stehe gewöhnlich um 6 Uhr auf.
16. Mein Bruder geht früh ins Bett.
17. Ihr Mann ist unglaublich eifersüchtig.
18. Es ist spät geworden.

19. Ich erinnere mich dunkel daran.
20. Leider kann ich morgen nicht kommen.
21. Unser Sohn hat uns alles ausführlich erzählt.
22. Heute habe ich genug gearbeitet.
23. Ich esse vegetarisch.
24. Schneiden Sie mir den Schinken bitte dünn!
25. Eigennamen werden groß geschrieben.
26. Seine Eltern haben sich wirklich seltsam verhalten.
27. Angela ist eine außerordentlich charmante Frau.
28. Seltsamerweise hat er auf unseren Brief nicht geantwortet.
29. Seine Frau kleidet sich sehr elegant.
30. Ich habe es nicht absichtlich getan.
31. Mein Kollege hat mir freundlicherweise eine Kopie davon gegeben.
32. Unser Unternehmen exportiert vorwiegend nach Lateinamerika.
33. Wahrscheinlich hatte er es nicht bemerkt.
34. Ich beschäftige mich hauptsächlich mit slawischen Sprachen.
35. Das Wochenende verbringe ich meistens zu Hause.
36. Übermorgen fliege ich nach Rom.
37. Plötzlich läutete das Telefon.
38. Vermutlich habe ich mich im Datum geirrt.
39. Was habt ihr vorgestern gemacht?

182. Sostituire gli avverbi con una locuzione avverbiale*:

1. Vado al cinema solo raramente.
2. La città era interamente distrutta.
3. Per me, è indubbiamente un pazzo irresponsabile.
4. Abbiamo lavorato ininterrottamente.
5. L'ho incontrato casualmente.
6. Si vedono frequentemente dei cipressi e degli ulivi.
7. L'ho informato telefonicamente.
8. Improvvisamente arrivò sua moglie.
9. Luigi disturba continuamente.
10. Queste sono tutte industrie recentemente fondate.
11. Pranziamo abitualmente verso l'una.
12. Mia figlia parla stentamente lo spagnolo ma si fa capire sufficientemente.
13. Quotidianamente veniamo a contatto con episodi di violenza.

14. Abbiamo ascoltato silenziosamente.
15. Bisogna guidare prudentemente.
16. Probabilmente lo vedrò la settimana prossima.
17. Questa camicia va stirata accuratamente.
18. Mio figlio si ammala facilmente.
19. Inizialmente la Comunità Europea comprendeva sei stati.
20. Lo conosco personalmente.
21. L'idraulico ha eseguito perfettamente il lavoro.
22. I nostri clienti sono prevalentemente meridionali.
23. Ci ha raccontato il fatto dettagliatamente.
24. Marco ha risposto stranamente alla nostra lettera.
25. Si stimano vicendevolmente.
26. Piove dirottamente.
27. Vado a teatro mediamente dieci volte all'anno.
28. Scusa, l'ho fatto involontariamente.
29. Suo marito si comporta tirannicamente.
30. Fortunatamente i miei genitori erano già a casa.
31. La folla applaudiva entusiasticamente.
32. Impara a esporre chiaramente le tue idee.
33. Ti saluto affettuosamente.
34. Originariamente queste pareti erano affrescate.
35. Complessivamente è stata una bella festa.
36. Questa chiesa era parzialmente distrutta.
37. Bisogna procedere cautamente.
38. Questa lavatrice l'abbiamo comprata ratealmente.
39. Non pensi logicamente.

183. Tradurre*:

1. Ich muss Diät leben.
2. Morgen heiraten wir kirchlich.
3. Da hast du dich wirklich dumm verhalten.
4. Diese Band habe ich live gesehen.
5. Alle diese Häuser wurden wild gebaut.
6. X wird steckbrieflich gesucht.
7. Meine Frau kleidet sich sehr sportlich.
8. Wir haben nur standesamtlich geheiratet.
9. Ich werde mir die Haare blond färben.
10. Ich rasiere mich lieber nass.

11. Wir müssen dieses Gedicht auswendig lernen.
12. Das Gesetz wurde einstimmig angenommen.
13. Keiner hat dieses Phänomen überzeugend erklären können.
14. Morgens dusche ich immer kalt.
15. Rasierst du dich elektrisch?
16. Sie nehmen ihn nicht ernst.
17. Sein Vater muss abstinent leben.
18. Du singst schön.
19. Ich habe versehentlich eine Datei gelöscht.
20. Es ist besser, ihm schriftlich zu antworten.
21. Bald tritt ein neues Gesetz in Kraft.
22. Ich werde euch selbstverständlich helfen.
23. Du sahst verlegen aus.
24. Zieh dich warm an!
25. Ich verdiene brutto 2.500 Euro.
26. Für meinen Geschmack spielen sie zu defensiv.
27. Seine Frau kleidet sich immer modisch.
28. Sie haben ihn blutig geschlagen.
29. Der Fremdkörper muss chirurgisch entfernt werden.
30. Wir beabsichtigen, uns gewerkschaftlich zu organisieren.

184. Tradurre:

1. Tanzt du gern?
2. Ich bekomme langsam Hunger.
3. Warum heiratest du nicht wieder?
4. Mama macht gerade das Frühstück.
5. Ich kann kaum den Arm bewegen.
6. Hoffentlich geht alles gut.
7. Ich rauche seit einem Jahr nicht mehr.
8. Du kritisierst nur!
9. Das Kind wäre beinahe unter die Straßenbahn geraten.
10. Ich wollte gerade das Haus verlassen, als ich einen Schrei hörte.
11. Es schneit immer noch.
12. Arbeite weiter!
13. Ich spiele lieber Tennis.
14. Der Zug fährt gleich ab.
15. Der Zug ist gerade abgefahren.
16. Ich verliere gleich die Geduld.

185. Tradurre*:

1. Schon wieder Steinwürfe auf Autos ...
2. Stehst du immer noch nicht auf?
3. Noch heute wirst du frei sein.
4. Noch heute weiß ich nicht, warum er es getan hat.
5. Ich danke Ihnen nochmals für Ihre Hilfe.
6. Du müsstest mir einen Gefallen tun. - Schon wieder?
7. Ich bin auch aus Palermo.
8. Der Lastwagen fuhr langsamer, der Bus auch.
9. Schwiegermutter und Ehefrau hatten einen teuflischen Plan, um den Schwiegersohn bzw. Ehemann ins Jenseits zu befördern.
10. Schon beim Gedanken daran überläuft es mich.
11. Das ist ein Grund mehr, sich von ihm zu trennen.
12. Du müsstest mehr lernen.
13. Ich warte zehn Minuten, nicht mehr.
14. Wir haben 200 Euro mehr ausgegeben.
15. Die Lage verschlechtert sich immer mehr.
16. Er schläft nur noch.
17. Man braucht sich nur umzuschauen.
18. Das ist erst der Anfang.
19. Es gibt nur eine Lösung.
20. Nur ein Wunder kann uns retten.

186. Tradurre*:

1. Wir versuchen möglichst wenig auszugeben.
2. Wir müssen einen möglichst raschen Entschluss fassen.
3. Diesen Hund liebe ich am meisten.
4. Am meisten liegt mir meine Gesundheit am Herzen.
5. Am besten gefällt mir das Fach Physik.
6. Kampanien ist die am dichtesten bevölkerte Region.
7. Ich werde dort möglichst lange bleiben.
8. Dieser Vorschlag gefällt mir von allen am wenigsten.
9. Es geht darum, eine möglichst gerechte Lösung zu finden.
10. Am wenigsten isst Angela.
11. Ich werde es dir möglichst bald mitteilen.
12. Man muss möglichst schnell reagieren.
13. Am schlimmsten ist sie gestürzt.
14. Am schnellsten hat Mario geantwortet.

Capitolo 20 Negazione e restrizione (§§ 259-265)

187. Completare con risposta negativa:

1. Sei italiana? - No, □.
2. Ci vai ancora? - No, □.
3. È già arrivato qualcuno? - No, □.
4. Li inviterete ancora? - No, □.
5. Si è ancora fatta viva? - No, □.
6. Sai suonare qualche strumento? - No, □.
7. Sai giocare a tennis o a calcio? - No, □.
8. Siete mai stati in Grecia? - No, □.
9. Hai visto qualcosa? - No, □.
10. Lo sanno anche loro? - No, □.
11. Piove ancora? - No, □.
12. È successo qualcosa? - No, □.
13. L'avete visto da qualche parte? - No, □.
14. Sai il russo o il giapponese? - No, □.
15. Avete ancora mangiato qualcosa? - No, □.
16. Noi non andiamo al concerto. Ci andate voi? - No, □.
17. Hai trovato qualcosa di bello? - No, □.
18. Sono già arrivati tutti? - No, □.
19. Hai già pagato la fattura? - No, □.
20. Ti ha almeno salutato? - No, □.

188. Completare:

1. Non ho parlato con □.
2. Oggi □ posta!
3. Non l'ho visto da □ parte.
4. Oggi sono libero, non ho □ da fare.
5. Non lo sa □ lui.
6. Il cliente uscì senza comprare □.
7. Non ci andrò □ più.
8. Meglio tardi che □.
9. Questa è la città più bella che io abbia □ visto.
10. □ degli studenti era pronto per l'esame.
11. Non è successo □.
12. Quel ragazzo non sa □ leggere □ scrivere.
13. Non ho detto □ a □.

14. È un discorso che non ha ☐ capo ☐ coda.
15. Non abbiamo più ☐ da dirci.
16. Mia moglie non sa ☐ che cosa mettere.
17. La lettera non mi è ☐ arrivata.
18. Non ho trovato ☐ di bello.
19. Non l'inviterò ☐ ☐.
20. ☐ io ci rinuncerei.
21. Il nostro maestro non è per ☐ severo.
22. Non ho visto ☐ sentito ☐.
23. Non conosco ☐ a cui rivolgermi.

189. Tradurre:

1. Er versteht nichts.
2. Nichts hast du verstanden!
3. Nichts funktioniert.
4. Sie hatte die Pille nicht genommen.
5. Ich gehe nicht mehr dorthin.
6. Ich gehe auch nicht mehr dorthin.
7. Nicht einmal sie weiß es.
8. Ich habe das nie gesagt.
9. Niemand wird dir helfen!
10. Ich habe überhaupt keine Lust!
11. Ich habe nie etwas Schöneres gesehen.
12. Wir haben niemand gesehen.
13. Das ist überhaupt nicht wahr!
14. Es ist noch niemand gekommen.
15. Es ist besser, nichts zu sagen.
16. Ich bin doch nicht blöd!
17. Ich bin mit dem Ergebnis überhaupt nicht zufrieden.
18. Er behauptet, nie dort gewesen zu sein.
19. Niemand hat etwas verstanden.
20. Sie will ihn nicht gesehen haben.
21. Nicht alle wissen es.
22. Niemand hat jemandem etwas gesagt.
23. Ich habe keinem von ihnen etwas gesagt.
24. Gehst du hin oder nicht?
25. Ich traue keinem mehr.
26. Niemand hat etwas gesagt.

27. Sie ist ganz und gar nicht hässlich.
28. Ich habe niemand etwas gesagt.
29. Nie wieder werde ich diesen Laden betreten!
30. Es ist eine Tradition, weiter nichts.
31. Das ist nichts im Vergleich zu dem, was ich erlebt habe.
32. Er wusste es auch nicht.
33. Ich habe nie so etwas geschrieben.
34. Diese Suppe schmeckt nach nichts.
35. Ich will nichts mit ihm zu tun haben.
36. Niemand erfuhr jemals etwas.

190. Tradurre „kein“:

1. Kein Schüler konnte diese Aufgabe lösen.
2. Es vergeht kein Tag, an dem er mich nicht anruft.
3. Ich habe keinen Hunger.
4. Hast du eine CD gekauft? - Nein, ich habe keine CD gekauft.
5. Ich kann kein Instrument spielen.
6. Hast du ein Buch? - Nein, ich habe kein Buch.
7. Ich esse keinen Fisch.
8. Warum hast du kein Fleisch gegessen?
9. Heute keine Hausaufgaben!
10. Heute habe ich keine einzige Zigarette geraucht.
11. Ich brauche keine Hilfe.
12. Ich brauche kein Wörterbuch.
13. Hast du kein Telefon?
14. Ich habe kein Auto.
15. Heute esse ich keine Pizza.
16. Ich übernehme keine Verantwortung dafür.
17. Ich spiele kein Tennis.
18. Sie spielen keinen guten Fußball.
19. Die Bluse hat keine 20 Euro gekostet.
20. Wir haben keine Kinder.
21. Ich bin kein Italiener.
22. Ich habe keine Arbeit gefunden.
23. Seine Tochter hat keinen schwierigen Charakter.
24. Heute ist kein Französisch-Unterricht.
25. In dieser Nacht habe ich kein Auge zugemacht.
26. Seine Eltern haben kein leichtes Leben.

27. Er schaute sich um: keine Menschenseele.
28. Wir sind Menschen, keine Tiere.
29. Es ist noch kein Meister vom Himmel gefallen.
30. Ich habe keine einzige Rechenaufgabe lösen können.
31. Eine Schwalbe macht noch keinen Sommer.
32. Taten sind nötig, keine Worte.
33. Ich habe noch kein Handy.
34. Seine Mutter hat kein leichtes Leben.
35. Es besteht keine Eile.
36. Er kann kein Wort Deutsch.
37. Dieses Wort bildet keine Ausnahme.
38. Alkoholismus ist eine richtige Krankheit, kein Laster.
39. Ich habe keine Fotos machen können.
40. Es war kein Schüler da.
41. Sie haben keinen Brief beantwortet.
42. Das ist kein Problem.
43. Es gibt keinen Platz mehr.
44. Ich kann kein Klavier spielen.
45. Das bringt kein Glück.
46. Heute habe ich kein Fleisch gegessen.
47. Hast du kein Buch gekauft?
48. Es gibt keinen Ausweg.
49. Ich habe noch keinen Plan.
50. Das ist keine schlechte Idee.
51. Das sind keine Franzosen.
52. Sein Sohn ist noch keine 18 Jahre alt.
53. Wer schläft, fängt keine Fische.
54. Leider kann ich kein Englisch.
55. Ich habe keine Ahnung.

191. Trovare l'aggettivo adatto:

1. Un problema che non si può risolvere è un problema □.
2. Un progetto che non può essere realizzato è un progetto □.
3. Un obiettivo che non si può raggiungere è un obiettivo □.
4. Un fenomeno che non si può spiegare è un fenomeno □.
5. Una stella che non si può vedere è una stella □.
6. Una squadra che non può essere vinta è una squadra □.
7. Una firma che non si può leggere è una firma □.

8. Un errore che non può essere perdonato è un errore □.
9. Difficoltà che non possono essere superate sono difficoltà □.
10. Una malattia che non si può guarire è una malattia □.
11. Un comportamento che non si riesce a comprendere è un comportamento □.
12. Una parola che non si può tradurre è una parola □.
13. Desideri che non si possono appagare sono desideri □.

192. Tradurre „nur“:

1. Nur sein Bruder kann dir helfen.
2. Ich habe nur drei Euro in der Tasche.
3. Du beklagst dich nur.
4. Daraus kann man nur den Schluss ziehen, dass er die Angelegenheit vertuschen wollte.
5. Du brauchst nur zu fragen.
6. Komm nur herein!
7. Wie kann man nur so naiv sein!
8. Der Junge hatte nur noch ein Bein.
9. Es wird für nur 10 Euro verkauft.
10. Ich habe nur Angst.
11. Nur keine Angst!
12. Der Angeklagte kann nur freigesprochen werden.
13. Es gibt nur eine Lösung.
14. Das ist erst der Anfang.
15. Man braucht sich nur umzuschauen.
16. Ich habe nur noch eine Flasche Rotwein.
17. Sie stiegen ins Auto, ohne sich auch nur umzudrehen.
18. Ich kann nur mit mir zufrieden sein.
19. Das hat er gesagt, nur weiß ich nicht, ob er sein Versprechen hält.
20. Wir wissen nur, dass er nach Siena gezogen ist.
21. Nur meine Eltern wissen es.
22. Ich habe nur noch diese Sache zu erledigen.
23. Wenn ich es nur wüsste!
24. Nur um ein Beispiel zu geben.
25. Ich habe nur die Hälfte der Hausaufgaben gemacht.
26. In nur fünf Jahren hat er es geschafft.
27. Ich habe es für nur 40 Euro bekommen.

Capitolo 21 Le congiunzioni (§§ 266-278)

193. Trovare la congiunzione adatta:

1. Maria ☐ Silvia sono sorelle.
2. Non ho visto lei ☐ suo marito.
3. Dev'essere Livio ☐ Luigi.
4. Non so ☐ rimanere ☐ tornare a casa.
5. È troppo ingenuo ☐ possa rendersene conto.
6. Chi è scuro di pelle difficilmente riesce a entrare in Italia ☐ sia diplomatico o uno studente presso un'università italiana.
7. Lo conoscevo sin ☐ era bambino.
8. Lorenzo il Magnifico era intelligente e preparato ☐ in politica ☐ negli affari.
9. Non posso mangiare il cavolfiore ☐ non lo digerisco.
10. ☐ si fu laureato, incominciò a lavorare.
11. ☐ non abbiamo mai nuotato nell'oro, non ho avuto neppure problemi gravi da superare.
12. Non posso ☐ voglio rinunciare ai miei diritti.
13. Il sardo non è un dialetto, come molti pensano, ☐ una lingua.
14. Nell'industria automobilistica la robotica ha ☐ liberato dai lavori ripetitivi, ☐ ha creato, al tempo stesso, disoccupazione.
15. Nella regione vivono minoranze di stirpe slava e di lingua slovena, ☐ minoranze di lingua tedesca.
16. Federico aveva rinunziato a mettere ordine in Germania non ☐ l'impresa fosse impossibile, ma ☐ non gli piaceva vivere che in Italia.
17. Erano appena usciti ☐ arrivai.
18. Fatti ci vogliono, ☐ subito.
19. Non lo lascerò ☐ non gli avrò detto alcune cosette.
20. ☐ avremo chiarito questa faccenda, me ne tornerò in città per trovare un po' di tranquillità.
21. Ero appena ritornata a letto, ☐ udii un rumore che proveniva, apparentemente, dall'ala est.
22. Suo figlio non ha preso la laurea in medicina, ☐ nessuna altra laurea.
23. L'unificazione, ☐ migliorare la situazione, la aggravò, ☐ furono introdotte nuove tasse, un pesante apparato burocratico, il servizio militare obbligatorio.

194. Trovare la congiunzione adatta:

1. ☐ prima si beveva l'acqua pura della fontana del monte, adesso abbiamo l'acqua calcarea che aiuta i vecchi ad andarsene all'altro mondo. (G. Deledda)
2. Marcovaldo passava una mano sullo stomaco ☐ non riuscisse a digerire. (I. Calvino)
3. Per via della corsa al profitto smodato, tutto è cambiato ☐ nella campagna ☐ nella città.
4. ☐ non sia vecchio, porta già la dentiera.
5. ☐ abbiamo detto, non ci si può fidare di quel sistema.
6. ☐ per lo Stato i coniugi divorziati possono ricostruire nuove famiglie (☐ si sono sposati in chiesa, ☐ il matrimonio religioso ha per lo Stato italiano lo stesso valore di quello civile), per la Chiesa si tratta invece di adulterio e concubinato.
7. ☐ ciascuno si impegnerà, ce la faremo.
8. Ho continuato a cercare un lavoro qualsiasi, ☐ non c'è stato niente da fare.
9. ☐ mi prometti di non raccontarla in giro, ti dirò una cosa.
10. ☐ avrò fatto colazione, andrò in ufficio.
11. Non è il caso di lamentarsi per il venire meno di valori tradizionali, ☐ la vita di un tempo fosse stata sempre sana, felice ed equilibrata, contro quella di oggi sconvolta ed arbitraria.
12. Ero appena uscito ☐ cominciò a piovere.
13. Il piccolo uomo non si dava per vinto anzi, aumentavano in lui l'ira e lo sdegno ☐ cresceva il numero degli spettatori intorno. (A. Pallazzeschi)
14. Il numero degli analfabeti nel mondo è in aumento, ☐ alla crescita demografica non si accompagna un'adeguata crescita del livello di istruzione.
15. ☐ le possibilità di successo siano poche, ☐ ci proveremo.
16. Ci sono anche donne, tra i barboni, ☐ il numero è inferiore a quello degli uomini.
17. ☐ avrò finito il libro, te lo presterò.
18. Farei il giro del mondo, ☐ avessi il denaro necessario.
19. Si fece svegliare ☐ era ancora notte e vestì per la prima volta la divisa di tenente. (D. Buzzati)
20. Una donna di 72 anni si è tolta la vita ☐ era sola e ☐ non aveva soldi per tirare avanti.

195. Trovare la congiunzione adatta:

1. La mia amica è sempre serena, ☐ non ha una vita molto felice.
2. ☐ fosse malata, è andata a scuola.
3. ☐ è tornato il freddo, soffro di continui raffreddori.
4. Ho cambiato opinione, ☐ ho parlato con il preside.
5. ☐ piove non esco.
6. Insisto ☐ tu dica la verità.
7. Tuo fratello si comporta ☐ la cosa non lo riguardasse.
8. ☐ saliva le scale, la nonna è inciampata.
9. Era tutto in ordine e pulito ☐ lo aveva lasciato sua madre.
10. Domani andremo in spiaggia, ☐ non piova.
11. Imparare a sciare è meno facile ☐ credessi.
12. ☐ hai fretta, fai piano.
13. Non smetterò di provare ☐ non avrò trovato la soluzione di questo problema.
14. ☐ vai in vacanza con lui, potrai divertirti e far di tutto fuorché riposarti.
15. ☐ hanno ottenuto l'indipendenza politica dai Paesi del Nord, gli Stati asiatici e africani hanno dovuto affrontare problemi gravissimi.
16. Sarei andata in spiaggia, ☐ non ci fosse stato tanto vento.
17. ☐ avevo perso l'autobus, chiamai un taxi per non arrivare in ritardo al colloquio.
18. ☐ la Costituzione riconosca il diritto al lavoro, di fatto nel nostro Paese vi sono alcuni milioni di disoccupati.
19. Tutto si può dire di lui ☐ sia un avaro.
20. ☐ parlavo col preside, ero molto nervosa.
21. I genitori fanno dei grandi sacrifici ☐ il figlio possa frequentare l'università.
22. Sono andati al cinema ☐ lo sapessero i genitori.
23. ☐ volesse, ti potrebbe certamente aiutare.
24. Ho visto il ladro scappare ☐ fosse inseguito da un fantasma.
25. ☐ non stai ascoltando musica, posso avere il tuo walkman?
26. ☐ fingeva di ascoltare, l'addetta allo sportello pensava ad altro.
27. ☐ ha provocato il danno, deve in qualche modo riparare.
28. Mi annoiavo talmente a quella conferenza ☐ mi sono addormentato.
29. Ho chiamato il dottore ☐ Aldo ha un po' di febbre.

196. Trovare la congiunzione adatta:

1. Mio marito continua a fumare molto ☐ il medico glielo abbia proibito.
2. ☐ andasse all'università non si dava tutte queste arie.
3. ☐ non si faccia illusioni, conviene dirle la verità.
4. ☐ ebbe meditato a lungo, decise di cercare un altro lavoro.
5. Domani sistemerò il giardino, ☐ non sopraggiungano altri impegni.
6. ☐ fosse molto affezionato alla vecchia bestia, decise di venderla.
7. Le madri mettono in serio pericolo la vita del loro bambino ☐ fumano durante la gravidanza.
8. Nell'industria automobilistica, la robotica ha ☐ liberato dai lavori ripetitivi e nocivi dei reparti di saldatura e verniciatura, ☐ ha creato, al tempo stesso, disoccupazione.
9. ☐ si affermi da secoli che tutti gli uomini sono uguali, il razzismo sopravvive ancora in molti paesi "civili".
10. ☐ sia impossibile che in breve tempo le sigarette siano tolte dal commercio, ci si deve porre questo traguardo.
11. ☐ i problemi attuali non verranno risolti, molti giovani sceglieranno di rinunciare totalmente alla formazione scolastica considerata inutile.

197. Tradurre:

1. Als wir ankamen, zeigte er mir die Wohnung.
2. Seitdem ich aus dem Urlaub zurückgekommen bin, leide ich unter Schwindel.
3. Nachdem wir uns gestärkt hatten, machten wir uns wieder auf den Weg.
4. Das Mädchen wurde überfahren, während es über den Zebrastreifen ging.
5. Da Carlo vor der Klassenarbeit Angst hatte, blieb er zu Hause.
6. Ich habe den Brief nicht bekommen, weil er vergessen hatte, ihn einzuwerfen.
7. Obwohl unser Mittelstürmer verletzt war, wollte er unbedingt spielen.
8. Damit alle an der Studienfahrt teilnehmen können, dürfen die Kosten 250 Euro nicht überschreiten.
9. Vieles hat sich geändert, und zwar zum Besseren.

10. Sobald ich meine Hausaufgaben gemacht habe, werde ich bei dir vorbeikommen.
11. Wenn man Rad fährt, bleibt man in Form.
12. Der Junge benahm sich, als ob er verrückt wäre.
13. Geht spielen, solange die Sonne scheint.
14. Nachdem ihr Mann gestorben war, musste meine Schwester ihren Lebensunterhalt verdienen.
15. Kaum waren wir an unserem Ferienort angekommen, als ein Gewitter losbrach.
16. Obwohl unsere Mannschaft ziemlich schlecht spielte, gewann sie.
17. Während wir uns alle an die Vorschriften halten, setzt sich Silvio über alles hinweg.
18. Da schönes Wetter war, beschlossen wir, einen Ausflug zu machen.
19. Falls du nicht kommen kannst, ruf mich an!
20. Wenn ich nochmals auf die Welt käme, würde ich alles genauso machen, wie ich es gemacht habe.
21. Wir unternehmen alles, damit unser Sohn wieder gesund wird.
22. Wenn ihm etwas zustoßen sollte, wäre es eine Katastrophe.
23. Sie sprachen so leise, dass niemand etwas verstehen konnte.
24. Ich bleibe zu Hause, bis meine Mutter kommt.
25. Er ist zwar leicht verletzt, aber er wird spielen können.
26. Ich bin mit meinem Bild nicht zufrieden, obwohl mir alle sagen, dass es eine gute Arbeit sei.
27. Ich hörte ihm zu, bis er fertig war.
28. Da ich einige Einkäufe tätigen muss, werde ich nicht vor Mittag zu Hause sein.
29. Wenn man nicht spielt, kann man auch nicht gewinnen.
30. Denk darüber nach, bevor du ablehnst.
31. Ich werde dich anrufen, sobald ich angekommen bin.
32. Damit er sich keine Illusionen macht, musst du ihm die Wahrheit sagen.
33. Während du im Fitnesscenter warst, habe ich die Wohnung aufgeräumt.
34. Seitdem mein Mann in Rente ist, sieht er den ganzen Tag nur noch fern.
35. Ich habe nicht das Ende des Films gesehen, weil ich im Sessel eingeschlafen war.

Capitolo 22 Le preposizioni (§§ 279-289)

198. Sostituire alle caselle la preposizione adatta:

1. Devo andare ☐ banca.
2. Sono rimasto ☐ ufficio.
3. Stasera andremo ☐ cinema.
4. Ho comprato un appartamento ☐ terzo piano.
5. I nostri vicini sono ☐ vacanza.
6. I ragazzi giocavano ☐ spiaggia.
7. Abitiamo ☐ via Manzoni.
8. Suo padre lavora ☐ Fiat.
9. I feriti furono trasportati ☐ ospedale.
10. Incontrai Angelo ☐ libraio.
11. Stasera siamo invitati ☐ cena.
12. Noi viviamo ☐ ventesimo secolo.
13. Vengo domani ☐ otto.
14. Roberto vive ☐ campagna lontano ☐ parenti.
15. Il treno è ☐ arrivo.
16. Mio fratello è ☐ cerca ☐ lavoro.
17. Non voglio finire ☐ prigione.
18. Frequento un corso ☐ italiano ☐ università.
19. Oggi vado ☐ piscina.
20. Sarebbero dovuti arrivare ☐ treno ☐ dieci.
21. Lo incontrai mentre tornava ☐ ufficio, oggi ☐ mezzogiorno.
22. Suo fratello morì ☐ un incidente aereo.
23. I bambini giocano ☐ cortile.
24. ☐ pranzo c'era anche un invitato.
25. Il treno è partito ☐ un'ora ☐ ritardo.
26. Siamo andati ☐ ristorante.
27. Pochi giorni ☐ c'è stata una rapina ☐ banca.
28. Ho mangiato mezzo pollo ☐ spiedo.
29. Non sono ☐ queste parti.
30. Chiudo la porta ☐ chiave.
31. Nuovo vino fu portato ☐ tavola.
32. Che cosa avete bevuto ☐ pizza?
33. Non si può lavorare ☐ questo caldo.
34. Abbiamo trascorso le vacanze ☐ Lazio.
35. Ancona si trova ☐ Marche.

199. Completare:

1. Ti aspetto ☐ fermata ☐ autobus.
2. Ogni domenica vado ☐ chiesa.
3. ☐ tutto quel rumore non ho potuto prendere sonno.
4. Siamo saliti ☐ campanile.
5. Hai messo la birra ☐ frigorifero?
6. Leonardo nacque ☐ Vinci, non lontano ☐ Empoli, ☐ 1452.
7. ☐ fondo, la lingua italiana si parlava soltanto ☐ Toscana, dove era molto simile ☐ dialetto ☐ cui era nata, e un po' anche ☐ corte papale ☐ Roma dove s'incontravano persone ☐ tutta Italia.
8. ☐ inizi del Trecento, Dante compose in fiorentino la Divina Commedia.
9. ☐ ragioni storiche i dialetti toscani sono restati vicini ☐ latino più ☐ ogni altro dialetto italiano.
10. La nebbia crea molti problemi, soprattutto ☐ automobilisti.
11. Leonardo da Vinci nacque ☐ 1452 ☐ un notaio e ☐ una contadina.
12. Sono appena tornato ☐ ufficio.
13. Sono ☐ Firenze.
14. ☐ chi è quella valigia?
15. Abito ☐ centro ☐ Napoli.
16. Ho conosciuto mia moglie ☐ treno.
17. Sono ingrassato ☐ cinque chili.
18. Sei ☐ queste parti?
19. Mi hanno urtato la macchina ☐ posteggio.
20. La temperatura media è ☐ 20 gradi.
21. Hai nostalgia ☐ casa tua?
22. ☐ questo siamo tutti d'accordo.
23. Sono arrivato ☐ cinque giorni.
24. ☐ sue parole ho capito che non vuole venire.
25. ☐ Trentino-Alto Adige il terreno che può essere coltivato è poco.
26. Mio zio è giudice istruttore ☐ tribunale di Palermo.
27. ☐ che parte si esce?
28. Il bicchiere mi è caduto ☐ mano.
29. Il bambino è scappato ☐ casa.
30. Mettete la frase ☐ futuro.
31. Mio marito sta lavorando ☐ orto.

200. Completare:

1. Mio figlio lavora ☐ Fiat.
2. Sono partiti ☐ due giorni.
3. Siamo arrivati due giorni ☐.
4. Era ☐ sera tardi.
5. Mio figlio ha intenzione di entrare ☐ polizia.
6. Il giovane si è buttato ☐ un treno.
7. Mi piace dormire ☐ la tenda.
8. Si può regolare l'orologio ☐ lui.
9. È un ragazzo che non ha grilli ☐ la testa.
10. Guardate ☐ su!
11. Dobbiamo cominciare ☐ zero.
12. Suo padre è lettore ☐ Einaudi.
13. È stato condannato a quattro mesi ☐ carcere ☐ condizionale.
14. Un tale dovendo andare ☐ Gorgonzola si rivolge ☐ un ferroviere assonnato:
    «Scusi, c'è un treno che va ☐ Gorgonzola?» - «No, signore. Vanno tutti ☐ carbone».

201. Completare*:

1. Ci sembra impossibile che l'abbia detto ☐ serio.
2. Eravamo ☐ tre.
3. È coraggioso solo ☐ parole, ma non ☐ fatti.
4. Questa notizia fu ☐ me un fulmine ☐ ciel sereno.
5. Non faccio ☐ tempo ☐ prendere il treno.
6. Non bisogna giudicare ☐ apparenze.
7. Si sono detti addio ☐ lacrime ☐ occhi.
8. Non è più un segreto: è ☐ bocca ☐ tutti.
9. È un inverno benigno ☐ confronto ☐ quello ☐ anno scorso.
10. Questa minestra non sa ☐ niente.
11. Su, ☐ bravo, fa' subito quello che ti dico.
12. Si è lamentato ☐ me ☐ non essere stato invitato ☐ festa.
13. La biblioteca, ☐ mia proposta, ha fatto l'abbonamento ☐ varie riviste.
14. Gli italiani sanno fare ☐ meno ☐ Stato.
15. I veri amici si possono contare ☐ punta ☐ dita.
16. L'ho fatto ☐ mia volontà.
17. Chi fa ☐ sé fa ☐ tre.
18. Debbo stare ☐ dieta.

19. Tornarono tutti ☐ tarda notte.
20. ☐ vedere quei dolci mi viene l'acquolina ☐ bocca.
21. Guardo ☐ fiducia ☐ avvenire.
22. La polizia ha colto il ladro ☐ fatto.
23. Lo conosco soltanto ☐ vista.
24. Mi ha raccontato ☐ filo e ☐ segno tutto quello che gli era successo.
25. Che cosa s'intende ☐ «nepotismo»?
26. Sebbene scrivessi loro ☐ intervalli fissi, ☐ poco ☐ poco mi resi conto che gradivano la mia firma molto più ☐ un assegno che non ☐ fondo ☐ una lettera.
27. Probabilmente, saranno già ☐ via ☐ ritorno.
28. Sandro era nato ☐ primo matrimonio. ☐ seconde nozze suo padre aveva sposato una vedova che aveva già una figlia piccola.
29. L'anguilla è un pesce molto richiesto ☐ mercato italiano.
30. Il lago Maggiore, il secondo lago italiano ☐ superficie, si trova ☐ confine ☐ Piemonte ☐ Lombardia e ☐ Svizzera.
31. Il territorio della Lombardia è ☐ 47% pianura, ☐ 41% montagna e ☐ 12% collina.
32. In Lombardia si producono 40 quintali di grano ☐ ettaro.
33. Il dito era ☐ grilletto.
34. ☐ regione, ☐ italiano e ☐ tedesco, si parla un'altra lingua: il ladino.
35. ☐ l'Emilia e le Marche, ☐ pochi chilometri ☐ Rimini, si trova la Repubblica di San Marino.
36. Hai difficoltà ☐ lavoro?
37. Ci siamo messi d'accordo ☐ un cane.
38. Siamo arrivati ☐ due giorni.
39. Siamo arrivati due giorni ☐.
40. Cesare minacciò, ☐ il serio e lo scherzoso, i pirati di farli crocifiggere.
41. Non mi dirai che hai segreti ☐ me.
42. La polizia ha sequestrato due chili ☐ eroina e cocaina.
43. ☐ la guida di Don Lorenzo Milani, i ragazzi della scuola di Barbiana iniziarono nel 1966 la stesura di «Lettera a una professoressa».
44. Questi documenti non hanno valore per nessuno, ☐ per me.

202. Completare:

Un impiegato dormiglione ha l'abitudine ☐ arrivare ☐ ufficio ☐ almeno una mezz'ora ☐ ritardo ☐ orario. Invece un mattino, inspiegabilmente, eccolo comparire solo un quarto ☐ ora ☐ gli altri. Il capufficio lo guarda sbalordito e gli dice: «Congratulazioni. È la prima volta che lei arriva ☐ ritardo così presto!»

203. Completare:

☐ un paese dittatoriale un cittadino che ha commesso la grave imprudenza ☐ dichiarare ☐ voce alta, ☐ la strada, che il ministro ☐ Interni era un imbecille è stato condannato ☐ vent'anni ☐ prigione: cinque anni ☐ diffamazione e quindici anni ☐ aver divulgato un segreto ☐ stato.

204. Completare*:

Il giorno ☐ cui venne Augusto la prima volta ☐ casa nostra era caduta la neve. Lo ricordo perché la neve ☐ queste parti cade ☐ rado e perché, proprio ☐ causa ☐ neve, quel giorno il nostro ospite era arrivato ☐ pranzo ☐ ritardo. Augusto, come mio padre, si occupava ☐ importazione ☐ caffè. Era venuto ☐ Trieste ☐ trattare la vendita ☐ nostra azienda. ☐ colpo apoplettico mio padre, privo ☐ eredi maschi, aveva deciso ☐ liberarsi ☐ ditta ☐ trascorrere gli ultimi anni ☐ pace. ☐ primo impatto Augusto mi era sembrato molto antipatico. Veniva ☐ Italia, come si diceva ☐ noi e, come tutti gli italiani aveva una leziosità che trovavo irritante. È strano ma succede spesso che persone importanti ☐ nostra vita, ☐ prima vista non piacciono ☐ niente. ☐ pranzo mio padre si era ritirato ☐ riposare e io ero lasciata ☐ salotto ☐ tenere compagnia ☐ ospite ☐ attesa che giungesse il momento ☐ lui ☐ prendere il treno. Ero seccatissima. ☐ quell'ora o poco più che siamo rimasti assieme l'ho trattato ☐ sgarberia. ☐ ogni sua domanda rispondevo ☐ un monosillabo, se lui stava zitto, stavo zitta anch'io. Quando, ☐ porta, mi ha detto: «Allora la saluto, signorina», gli ho offerto la mano ☐ stesso distacco ☐ cui una nobildonna la concede ☐ un uomo ☐ rango inferiore. (S. Tamaro)

205. Trovare la preposizione (articolata) adatta:

1. la speranza ☐ miglioramento
2. il loro bisogno ☐ partecipazione
3. il monumento ☐ Garibaldi

4. un desiderio sincero ☐ giustizia
5. l'amore ☐ vita
6. la caccia ☐ leone
7. l'assuefazione ☐ stupefacenti
8. un'allusione ☐ sue scappatelle
9. un assegno ☐ un milione
10. un candidato ☐ parlamento
11. la corsa ☐ armamenti
12. la prospettiva ☐ una vita migliore
13. un'eccezione ☐ regola
14. una tendenza ☐ rialzo
15. la resistenza ☐ pubblico ufficiale
16. la partecipazione ☐ giochi d'azzardo
17. il diritto ☐ studio
18. il diritto ☐ un posto di lavoro
19. un'infiammazione ☐ corde vocali
20. introduzione ☐ romanistica
21. un inno ☐ libertà
22. la richiesta ☐ materiale informativo
23. la nomina ☐ presidente
24. auguri ☐ pronta guarigione
25. la lotta ☐ fame
26. l'invito ☐ cerimonia
27. un attacco ☐ politica del governo
28. una guida ☐ monumenti di Roma
29. l'effetto ☐ bambini
30. l'erede ☐ trono
31. la risposta ☐ lettera
32. la voglia ☐ vino
33. un attentato ☐ papa
34. occasioni ☐ dibattito
35. l'opposizione ☐ proposta
36. un ostacolo ☐ sviluppo economico
37. la guerra ☐ xenofobia
38. la visita ☐ museo
39. l'attitudine ☐ lingue
40. un intralcio ☐ commercio

41. una rapina ☐ cassa di risparmio
42. la violenza ☐ donne
43. presentare domanda ☐ asilo politico
44. un'intervista ☐ cancelliere
45. Auguri ☐ ogni bene!
46. la reazione ☐ nuova situazione
47. Hai nostalgia ☐ casa tua?
48. un contributo ☐ bilancio familiare
49. trovare una soluzione ☐ problema
50. concedersi una pausa ☐ stress quotidiano
51. l'entrata ☐ guerra
52. Congratulazioni ☐ promozione!
53. il desiderio ☐ pace
54. il senso ☐ umorismo
55. il cammino ☐ gloria
56. la mancanza ☐ fondi

206. Tradurre:

1. eine Hymne auf die Freiheit
2. der Besuch des Schlosses
3. ein Interview mit dem Kanzler
4. die Gewalt gegenüber Kindern
5. Lust auf eine Tasse Kaffee
6. eine Anspielung auf seine schwierige Lage
7. ein Denkmal für die Gefallenen des 2. Weltkrieges
8. ein Attentat auf den Papst
9. ein Scheck über 750 Euro
10. ein Hindernis für den Fortschritt
11. Einführung in die Literatur des 20. Jahrhunderts
12. die Aussicht auf ein besseres Leben
13. der Druck auf die Regierung
14. die Achtung vor dem Leben
15. die Reaktion auf die Rede
16. ein Foul an Ronaldo
17. das Interesse für die/an der Kunst
18. meine Abneigung gegen dieses Fach
19. die Angst vor Aids
20. der Gedanke an seine Mutter

21. das Bedürfnis nach Zärtlichkeit
22. die Hoffnung auf den Sieg
23. die Gründe für das Waldsterben
24. die Anstiftung zum Fremdenhass
25. die Wirkung auf die Zuschauer
26. die Liebe zur Musik
27. der Mangel an Gelegenheiten
28. die Einladung zum Fest

207. Trovare la preposizione adatta:

1. Siete soddisfatti ☐ risultati?
2. State attenti ☐ ciò che dice il maestro.
3. L'ipertensione è legata ☐ numerosi fattori.
4. Speriamo che i mobili saranno conformi ☐ Suo gusto.
5. I giovani oggi sono particolarmente sensibili ☐ problemi che riguardano il loro immediato futuro.
6. Questo crea il terreno adatto ☐ droga.
7. È un giudizio basato ☐ fatti.
8. Quel ragazzo è capace ☐ tutto.
9. Il cliente sembra interessato ☐ nostra offerta.
10. Siamo molto contenti ☐ servizio.
11. La legge è uguale ☐ tutti
12. Questo ragazzo è differente ☐ tutti gli altri.
13. Il direttore ha dato una risposta favorevole ☐ nostra richiesta.
14. Valerio si crede superiore ☐ tutti.
15. Il nostro albergo è abbastanza lontano ☐ spiaggia.
16. Sono pronto ☐ tutto.
17. Il fiorentino è rimasto simile ☐ latino.
18. Sono stanco ☐ sue scenate.
19. Nessuno è libero ☐ pregiudizi.
20. Questo è contrario ☐ mie convinzioni.
21. Ha le tasche sempre piene ☐ soldi.
22. Sono immune ☐ morbillo.
23. Si tratta di gente disperata, disposta ☐ tutto, implicata ☐ varie forme di delinquenza.
24. Le sue idee sono vicine ☐ mie.
25. Questa frase è priva ☐ senso.
26. Questo bambino è molto bisognoso ☐ amore.

27. Il risultato è inferiore ☐ nostre aspettative.
28. L'aneddoto narra un espisodio poco noto, relativo ☐ vita di un personaggio.
29. Le strutture pubbliche destinate ☐ recupero dei drogati non funzionano.
30. Sono persone che non sono integrate ☐ società borghese.
31. I mass media ci rendono indifferenti ☐ spettacolo della violenza, bombardandoci di continuo ☐ immagini ☐ tragedie, stragi, omicidi ecc. ☐ cui diventiamo insensibili ☐ questi fatti, incapaci ☐ reazioni morali autentiche e sincere.

208. Completare:

1. Si tratta di malattie che sono dovute ☐ stress.
2. Dobbiamo essere solidali ☐ deboli.
3. Il mio fidanzato è oriundo ☐ Napoli.
4. Mio marito è nativo ☐ Sicilia.
5. La sua vita è fatta soltanto ☐ lavoro.
6. Il servizio è compreso ☐ prezzo.
7. La mia scuola elementare è intitolata ☐ Giosuè Carducci.
8. Sua figlia è allergica ☐ antibiotici.
9. La strada è chiusa ☐ traffico.
10. È un ragazzo ribelle ☐ lavoro.
11. Sono studenti refrattari ☐ matematica.
12. In Lombardia, per quel che riguarda il grano, il rendimento per ettaro è superiore ☐ quello di qualsiasi altra regione italiana.
13. Insegnano cose lontane ☐ realtà.
14. Sono stanco ☐ questa vita.
15. Questo divario tra il Nord e il Sud del Paese si era già delineato negli anni successivi ☐ unità.
16. Questo è tipico ☐ suo modo di pensare.
17. Il professor Rossi è conosciuto ☐ sua severità.
18. Questo gesto è caratteristico ☐ lui.
19. Questo comportamento è significativo ☐ suo egoismo.
20. Si tratta di uomini avidi ☐ denaro.
21. Una reazione del genere non è degna ☐ un professore.
22. Mancano centri specializzati ☐ orientamento professionale.
23. Questa dichiarazione è sintomatica ☐ sue idee strampalate.
24. La Riviera di Levante ha molte località famose ☐ loro bellezza.

25. Nelle colline si produce soprattutto vino, noto non tanto ☐ quantità quanto ☐ qualità.
26. Il tuo modo di agire non è compatibile ☐ tue teorie.
27. Chi è responsabile ☐ quei provvedimenti?
28. Questa pagina è aperta ☐ tutte le lettrici.
29. Ero consapevole ☐ rischi che correvo.
30. Sono follemente innamorata, da un anno, ☐ un ultraventenne.
31. Questi prodotti sono poveri ☐ grassi, ma ricchi ☐ proteine, carboidrati e fibre.

209. Completare:

1. Bisogna creare strutture sociali adeguate ☐ bisogni dei bambini.
2. I miei parenti sono oriundi ☐ Spagna.
3. Verso la metà degli anni Sessanta molti giovani avevano visto nelle droghe leggere un mezzo per creare un mondo alternativo ☐ società dei consumi.
4. Io ero invidiosa ☐ Carmela.
5. Angela è gelosa ☐ tutte le sue colleghe.
6. Quello sarebbe un lavoro indegno ☐ lui.
7. Vogliono essere indipendenti ☐ genitori.
8. Sono scontento ☐ risultati.
9. Sempre dedito ☐ lavoro!
10. La fotocopia è identica ☐ originale.
11. Tutto è pronto ☐ festa di domani.
12. Sono abbonato ☐ *Corriere della Sera.*
13. Quell'imprenditore edile è indebitato ☐ parecchie banche.
14. L'operazione dei carabinieri ha portato all'arresto di numerosi ladri specializzati ☐ furti d'appartamento.
15. Questi sentimenti sono estranei ☐ mio cuore.
16. Si è reso colpevole ☐ un delitto molto grave.
17. La montagna è coperta ☐ neve.
18. Sua moglie è affetta ☐ una fortissima miopia.
19. Cortina è provvista ☐ un'attrezzatura sportiva di prim'ordine.
20. Mio figlio è molto affezionato ☐ mia madre.
21. Luigi è molto portato ☐ le lingue.
22. È un albergo dotato ☐ tutti i confort.
23. Mia nonna è oriunda ☐ campagna.

24. Sono molto diverso □ mio fratello.
25. Le mie vedute sono molto differenti □ quelle di mio padre.
26. Le tue idee sono incompatibili □ nostri interessi.
27. Questo fatto non è paragonabile □ quelli precedenti.
28. Molti ministri erano coinvolti □ quello scandalo.
29. Gli etruschi furono un popolo civilissimo, amante □ arte e molto esperto □ agricoltura, □ lavorazione dei metalli e □ costruzione di opere in muratura.
30. La natura del suolo è particolarmente sfavorevole □ agricoltura.
31. Il dialetto piemontese è assai ricco □ parole francesi o simili □ esse.
32. Il riso è originario □ Estremo Oriente.
33. Mario è molto affezionato □ sua sorellina.
34. Suo marito è affetto □ polmonite.
35. Sono sovraccarico □ lavoro.
36. Sono sommerso □ lavoro.
37. Siamo provvisti □ necessario.
38. Vi informeremo, appena la merce sarà pronta □ spedizione.
39. Queste merci sono soggette □ dazio.
40. Non sono tagliata □ lavori domestici.
41. Questo è un clima poco adatto □ asmatici.
42. Il troppo bere è nocivo □ salute.
43. Sono uomini privi □ scrupoli.

210. Tradurre:

1. Mehrere Minister waren in diese Angelegenheit verwickelt.
2. Ich bin mit den Prüfungsergebnissen zufrieden.
3. Wer ist für das Scheitern der Verhandlungen verantwortlich?
4. Diese Häuser sind typisch für diese Gegend.
5. Ich bin an diesem Bauplatz interessiert.
6. Maria ist auf ihren Bruder eifersüchtig.
7. Ich bin von meinen Eltern noch finanziell abhängig.
8. Mein Sohn ist für diese Tätigkeit nicht geeignet.
9. Warum bist du auf Giovanni neidisch?
10. Meine Tochter ist in den Sohn unseres Nachbarn verliebt.
11. Diese Frucht ist reich an Vitaminen.
12. Mein Cousin wohnt weit weg von hier.

211. Completare con le locuzioni preposizionali sottoelencate*:

1. L'Italia riesce a sopravvivere ☐ la sua instabilità politica.
2. ☐ quelle invasioni, in Italia ogni regione e quasi ogni vallata cominciò a vivere una vita per conto suo, perdendo per lungo tempo i contatti con le regioni vicine.
3. Un numero rilevante di persone si trova emarginato, cioè posto in condizione di inferiorità ☐ comunità organizzata.
4. Queste minoranze, i cui diritti non vengono tutelati, vengono sfruttate ☐ necessità e poi abbandonate al loro destino.
5. Gli Italiani rivelano spesso di essere razzisti ☐ meridionali.
6. Le possibilità di stimoli e di risorse offerte alla gente del Sud sono state di molto inferiori ☐ quelle messe a disposizione per la gente del Nord.
7. Gli italiani perseguono il loro tipo di felicità alla Guicciardini, il consolidamento del benessere personale, o degli interessi particolari, ☐ società.
8. La donna è spesso costretta a subire, ☐ famiglia, situazioni pesanti che le derivano dall'incomprensione del marito o dal senso di colpa ☐ figli, a cui è costretta a sottrarre tempo e attenzioni.
9. Quali sono i motivi che inducono molti giovani a vivere ☐ propria famiglia il più lungo possibile?
10. Come reagiranno i vecchi ☐ questa dura realtà?
11. Spesso l'aumento di quantità di un prodotto va ☐ qualità.
12. In italiano, ☐ tedesco, i tempi composti dei verbi riflessivi si formano con l'ausiliare «essere».
13. ☐ lui, sono un nano.
14. Tutti avevano fatto i compiti, ☐ Mario.
15. La bambina aveva una catenella ☐ collo.
16. Il toscano è rimasto molto ☐ latino.
17. Mi piace stare ☐ gente.
18. Posso resistere a tutto ☐ alla tentazione.
19. Ci troviamo ☐ un grosso problema.
20. Sono arrivato in ritardo ☐ traffico.

a causa di, nei confronti di (2), a differenza di, di fronte a (2), all'interno di (2), intorno a, in mezzo a, nonostante, rispetto a (3), a scapito di (2), a seconda di, in seguito a, tranne (che) (2), vicino a

212. Tradurre „an“:

1. Heute Morgen gehen wir an den Strand.
2. Dieses Jahr fahren meine Eltern nicht ans Meer.
3. Ich habe mir an der Hand weh getan.
4. An deiner Stelle würde ich es nicht machen.
5. Er nahm das Kind an der Hand.
6. Wir werden uns an Ostern wiedersehen.
7. An welcher Schule unterrichten Sie?
8. An der Kasse standen viele Leute.
9. An welcher Krankheit ist sie gestorben?
10. An wen muss man sich wenden?
11. Wir wohnen an der Autobahn.
12. Ich habe dich an der Stimme wiedererkannt.
13. Wer ist an der Reihe?
14. Woran denkst du gerade?
15. Ich glaube an Gott.
16. Fahren Sie an der zweiten Ampel nach links!
17. An Pfingsten fahren wir nach Florenz.
18. London liegt an der Themse.
19. Die Metzgerei ist am Ende der Straße.
20. Viele Grüße an deine Schwester!

213. Tradurre* „an“:

1. Was mir an ihm gefällt, ist sein Sinn für Humor.
2. Das Schlimme an der Sache ist, dass ich nichts für ihn tun kann.
3. Du hast an allem etwas auszusetzen.
4. Heutzutage sind Banküberfälle an der Tagesordnung.
5. Das Kleid ist mir an den Schultern ein wenig weit.
6. Die Wahrheit kommt stets ans Licht.
7. Das ist eine Freude, die ich an ihm nicht kannte.
8. Gehst du bitte ans Telefon?
9. Wir haben eine Woche an der Adria verbracht.
10. Ich habe mir den Kopf an der Tischkante angeschlagen.
11. Unser Chef stellt hohe Anforderungen an seine Mitarbeiter.
12. Wer ist am Apparat?
13. Am besten wäre es, zu Hause zu bleiben.
14. Die Zahl der Menschen, die am Rand der Gesellschaft leben, nimmt ständig zu.

15. Alle Pharmaka waren lange an Tieren getestet worden.
16. Das Flugzeug verliert an Höhe.
17. Er hängt seit drei Jahren an der Nadel.
18. Ich will nicht das fünfte Rad am Wagen sein.
19. Die Firma steht am Rande des Bankrotts.
20. Ich habe mich an einer Gräte verschluckt.

214. Tradurre „auf":

1. Heute muss ich auf den Markt gehen.
2. Wir haben vierzehn Tage auf Elba verbracht.
3. Gehen wir auf die Terrasse!
4. Pass auf deine Brieftasche auf!
5. Es gibt keine schönere Stadt auf der Welt.
6. Auf wen wartest du?
7. Schlagt eure Bücher auf Seite 25 auf!
8. Die Kinder spielen auf der Straße.
9. Ich bin auf dem Gehweg ausgerutscht.
10. Wir sind auf Wohnungssuche.
11. Ich hoffe auf ein Wunder.
12. Können Sie mir den Ort auf der Karte zeigen?
13. Ich habe den Wecker auf 6 Uhr gestellt.
14. Die Kinder sind auf den Baum geklettert.
15. Ich würde gern auf dem Land leben.
16. Letztes Jahr haben wir die Ferien auf Ischia verbracht.
17. Ich lese immer auf dem Klo.
18. Begleitest du mich auf den Friedhof?

215. Tradurre* „auf":

1. Ihr Mann ist immer auf Achse.
2. Ich schlafe auf dem Bauch.
3. Sie nehmen ihn immer auf den Arm.
4. Wir freuen uns auf deinen Besuch.
5. All das geht auf Kosten der Qualität.
6. Meine Frau befindet sich auf dem Weg der Besserung.
7. Auf meinen Kollegen ist Verlass.
8. Du fällst mir auf den Wecker.
9. Mario liegt immer noch seinen Eltern auf der Tasche.

10. Er wurde auf frischer Tat ertappt.
11. Der Radfahrer war auf der Stelle tot.
12. Die Frau zitterte am ganzen Leib.
13. Das Fenster geht auf den Hof.
14. Mein Mann ist auf Geschäftsreise.
15. Du nimmst alles auf die leichte Schulter.
16. Mein Vater geht auf die Siebzig zu.
17. Man muss die Dinge auf sich zukommen lassen.
18. Ich habe es auf Umwegen erfahren.
19. Schon wieder ein Überfall auf die Sparkasse.
20. Es handelt sich um eine auf den Menschen übertragbare Krankheit.

216. Tradurre „aus":

1. Ich bin aus Palermo.
2. Dort sind Studenten aus aller Welt.
3. Wir haben aus Liebe geheiratet.
4. Ich habe die Nachricht aus der Zeitung erfahren.
5. Dieser Roman ist aus dem Deutschen übersetzt.
6. Meine Frau stammt aus einer Arztfamilie.
7. Ich habe es aus der Nähe gesehen.
8. Schau aus dem Fenster!
9. Ich habe ihn aus der Schule kommen sehen.
10. Die Frau hat aus Verzweiflung Selbstmord begangen.
11. Aus dieser Ehe sind zwei Kinder hervorgegangen.
12. Er hat seine Frau aus Eifersucht umgebracht.
13. Wir müssen einen Ausweg aus diesem Konflikt finden.
14. Dieses Abendkleid habe ich aus zweiter Hand gekauft.
15. Dieses Wort stammt aus dem Griechischen.
16. Der Zug aus Rom hat eine halbe Stunde Verspätung.
17. Ich kann an der Tagung aus Zeitgründen nicht teilnehmen.
18. Ich habe die Daten aus Versehen gelöscht.

217. Tradurre* „aus":

1. Ich bin aus allen Wolken gefallen.
2. Was ist aus ihm geworden?
3. Lassen Sie mich aus dem Spiel!
4. Ich weiß es aus zuverlässiger Quelle.

5. Es ist fast unmöglich, ihn aus der Ruhe zu bringen.
6. Aus Oliven macht man Öl.
7. Warum haben sie ihn aus der Haft entlassen?
8. Darf ich Ihnen aus dem Mantel helfen?

218. Tradurre „außer“:

1. Alle hatten die Hausaufgaben gemacht, außer Valerio.
2. Der Lift ist außer Betrieb.
3. Das Gesetz ist seit dem 1. Mai außer Kraft.
4. Die Kinder waren außer Rand und Band.
5. Das Mädchen ist außer Lebensgefahr.
6. Außer Englisch spreche ich Französisch und Spanisch.
7. Im Augenblick bin ich außer Form.
8. Du bist ja ganz außer Puste!
9. Dieser Ausdruck ist außer Gebrauch gekommen.
10. Du hast zwei Faktoren außer acht gelassen.
11. Wer kommt außer euch beiden noch?

219. Tradurre „bei“:

1. Maria ist beim Zahnarzt.
2. Sein Vetter arbeitet bei Fiat.
3. Ich kann mich bei diesem Lärm nicht konzentrieren.
4. Antonio wohnt nicht mehr bei seinen Eltern.
5. Bei schlechtem Wetter gehen wir nicht aus.
6. Das Mädchen kam bei einem Autounfall ums Leben.
7. Es ist unmöglich, bei diesem Nebel weiterzufahren.
8. Wir wohnen bei der Schule.
9. Er packte den Dieb beim Arm.
10. Heute Abend gibt es bei Mario ein Fest.
11. Bei deiner Erkältung solltest du lieber im Bett bleiben.
12. Bei wem hast du es gekauft?
13. Ich habe kein Geld bei mir.
14. Sie sind noch beim Essen.
15. Ich habe bei dir zu Hause angerufen.
16. Bei diesem Lehrer lernt man viel.
17. Die ganze Familie saß bei Tisch.
18. Beim Überqueren der Straße wurde das Kind von einem Auto erfasst.

220. Tradurre* „bei“:

1. Ich habe mich bei der Firma danach erkundigt.
2. Ich überraschte ihn beim Stehlen.
3. Luigi ist bei weitem intelligenter als sein Bruder.
4. Mein Sohn weint bei der geringsten Kleinigkeit.
5. Ich nehme dich beim Wort.
6. Es ist bei Strafe verboten.
7. Gott sei Dank ist mein Vater noch bei guter Gesundheit.
8. Bei Nacht sind alle Katzen grau.
9. Ich schlafe immer bei offenem Fenster.
10. Der Appetit kommt beim Essen.
11. Du bist wohl nicht bei Verstand!
12. Ich habe mir beim Skilaufen das Bein gebrochen.
13. Ich bin nicht gut bei Kasse.
14. Bei ihm muss man sich auf alles gefasst machen.
15. Wir werden ihn bei der Polizei anzeigen.
16. Hake dich bei mir ein!
17. Wir müssen bei Null anfangen.
18. Bei ihm ist dauernd besetzt.
19. Ich habe diese Stelle bei Boccaccio gefunden.
20. Bei Kaffee sind Italiener sehr anspruchsvoll.
21. Bei diesen Dingen bin ich sehr skeptisch.
22. Was machen die Venezianer bei Hochwasser?
23. Bei diesem Angebot kann ich nicht nein sagen.
24. Bei den Etruskern war es so Sitte.
25. Du musst bei dir selbst anfangen.
26. Bei diesem Text handelt es sich um eine Übersetzung aus dem Griechischen.
27. Beim Lernen brauche ich absolute Ruhe.

221. Tradurre „bis“:

1. Heute arbeite ich bis sechs Uhr.
2. Tschüs bis morgen!
3. Wir sind bis Mailand gefahren.
4. Alle waren da, bis auf Mario.
5. Es sind nur noch wenige Tage bis Weihnachten.
6. Unser Geschäft bleibt bis auf weiteres geschlossen.
7. Bis zum Ersten muss die Arbeit beendet sein.

8. Ich habe bis in die Nacht gelesen.
9. Wie hältst du es bis zum Mittagessen mit leerem Magen aus?
10. Bis vor wenigen Jahren kannte ihn niemand.

222. Tradurre „durch":

1. Der Dieb ist durch das Fenster eingestiegen.
2. Ich habe es durch seine Schwester erfahren.
3. Durch den Regen wurde die Straße unpassierbar.
4. Die Stadt wurde durch ein Erdbeben zerstört.
5. Demonstranten zogen durch die Straßen.
6. Mein Freund ist durch die Prüfung gefallen.
7. Wir haben eine Reise durch Süditalien gemacht.
8. Diese Wohnung haben wir durch einen Makler bekommen.

223. Tradurre* „durch":

1. Durch Fehler lernt man.
2. Sein Bruder will mit dem Kopf durch die Wand.
3. Unser Chef spricht durch die Nase.
4. Durch vieles Rauchen hat er seine Gesundheit ruiniert.
5. Der Fahrer ist wie durch ein Wunder mit dem Leben davongekommen.
6. Ich habe es ihm durch die Blume gesagt.
7. Sie waren durch die Bank betrunken.
8. Ich habe die Stelle durch Beziehungen bekommen.
9. Der Schrank geht nicht durch die Tür.
10. Für ihn gehe ich durchs Feuer.

224. Tradurre „für":

1. Was hast du für Maria gekauft?
2. Wie viel hast du für diesen Rock bezahlt?
3. Sie wollten für sich bleiben.
4. Danke für alles.
5. Die Straße ist für den Verkehr gesperrt.
6. Ich besuche einen Kurs für Fortgeschrittene.
7. Für sein Alter ist er schon sehr reif.
8. Welches sind die Gründe für diesen Misserfolg?
9. Ich für meine Person bin einverstanden.
10. Für einen Ausländer spricht er gut Deutsch.

225. Tradurre* „für“:

1. Leider hat unser Lehrer keinen Sinn für Humor.
2. Ich sage es dir ein für allemal.
3. Die gute Kondition der Mannschaft gab den Ausschlag für den Sieg.
4. Wir haben uns für den dritten Vorschlag ausgesprochen.
5. Diese Stelle ist ein gutes Beispiel für Manzonis Stil.
6. Das ist nichts für dich.
7. An und für sich hat er Recht.
8. Alles war für die Katz.
9. Wer hätte es je für möglich gehalten?
10. Das ist ein Fall für sich.
11. Das würde ich für alles in der Welt nicht tun.
12. Für den Notfall habe ich noch 100 Euro.
13. Dafür, dass er relativ klein ist, spielt er gut Basketball.

226. Tradurre* „gegen“:

1. Ich bin gegen diese Lösung.
2. Ich habe nichts gegen ihn.
3. Die Großeltern kommen gegen 5 Uhr.
4. Er hat sie gegen den Willen seiner Eltern geheiratet.
5. Ich bin mit dem Kopf gegen die Tischkante gestoßen.
6. Verkauf gegen Barzahlung.
7. Gegen ihn bin ich ein Anfänger.
8. Wir werden gegen das Urteil Berufung einlegen.
9. Er wurde wegen Widerstands gegen die Staatsgewalt verurteilt.
10. Das geht mir gegen den Strich.

227. Tradurre* „hinter“:

1. Er hat sich hinter dem Baum versteckt.
2. Ich bin froh, dass ich die Prüfung hinter mir habe.
3. Mein Freund hat schon zwei Ehen hinter sich.
4. Wir werden schon hinter die Wahrheit kommen.
5. Was verbirgt sich hinter diesem Wort?
6. Mario ist immer noch hinter ihr her.
7. Der Fahrer saß 15 Stunden ohne Unterbrechung hinter dem Lenkrad.
8. Die Sonne kam hinter den Bergen hervor.

9. Man weiß nicht, was sich hinter den Kulissen abspielt.
10. Hinter vorgehaltener Hand hat er mir erzählt, was wirklich passiert ist.

228. Tradurre „in“:

1. Gehen wir ins Kino?
2. Heute Abend gehe ich ins Theater.
3. Was hast du in die Tasche gesteckt?
4. Bist du schon in Rom gewesen?
5. Seine Schwester ist sehr gut in Latein.
6. Wir fahren immer in die Berge.
7. Sonntags gehen wir in die Kirche.
8. Ich bin in Angela verliebt.
9. Im Alter von 60 Jahren begann mein Vater Russisch zu lernen.
10. Übersetze diesen Satz ins Deutsche!
11. Ich wohne in der Stadt.
12. Unser Sohn studiert im Ausland.
13. Papa ist im Bad.
14. Mein Mann ist noch im Büro.
15. Gehst du mit uns in die Disko?
16. In welchem Stock wohnst du?
17. Ich werde in einer Woche abreisen.
18. Ich habe das Buch in zwei Tagen gelesen.
19. Heute gehe ich nicht in die Schule.
20. Mein Bruder arbeitet in der Fabrik.
21. Heute Nachmittag gehen wir in den Stadtpark.
22. Ich habe keine Lust, ins Konzert zu gehen.

229. Tradurre* „in“:

1. Ich kenne mich in dieser Stadt nicht aus.
2. In diesem Punkt sind wir uns alle einig.
3. Ich habe keine Lust, mich in ideologische Diskussionen einzulassen.
4. Das junge Paar ist in den Flitterwochen.
5. Ihm gehen zu viele Dinge im Kopf herum.
6. Die Jugendlichen von heute sind reifer im Vergleich zu den Jugendlichen von früher.
7. Wir mussten in der glühenden Sonne arbeiten.

8. Ich gehe gern im Regen spazieren.
9. Der Minister war in einen schweren Skandal verwickelt.
10. Ich habe mir in den Finger geschnitten.
11. Boris hat in drei Sätzen gewonnen.
12. Ihre Papiere sind nicht in Ordnung.
13. Wer hat dir diesen Floh ins Ohr gesetzt?
14. Seine Frau ist im fünften Monat schwanger.
15. Angela will immer im Mittelpunkt der Aufmerksamkeit stehen.
16. Entschuldigen Sie, ich habe mich in der Tür geirrt.
17. Die Mehrwertsteuer ist im Preis enthalten.
18. Ich will mich nicht in die Angelegenheiten anderer Leute einmischen.
19. Wir haben uns in einer Bar in der Innenstadt getroffen.
20. Hast du im Wörterbuch nachgeschlagen?
21. Wir sind gegenüber euch im Nachteil.
22. Im Hintergrund seht ihr den Schiefen Turm.

230. Tradurre „in“:**

1. Ihre Verlobung ist in die Brüche gegangen.
2. Die Industrie befindet sich im Aufschwung.
3. Er hat sich ins gemachte Bett gelegt.
4. Seine Kinder nehmen ihn ganz in Beschlag.
5. Die Polizei tappt weiterhin im Dunkeln.
6. Der Blitz hat in den Kirchturm eingeschlagen.
7. Sie haben sich in beiderseitigem Einvernehmen getrennt.
8. Der Richter wurde in den Ruhestand versetzt.
9. In der Kurve geriet das Auto ins Schleudern.
10. Er hat nicht alle Tassen im Schrank.
11. Das kann ich im Schlaf.
12. Fasst den Inhalt in Stichworten zusammen!
13. Das würde mir nicht einmal im Traum einfallen.
14. Er zieht sich in sein Schneckenhaus zurück
15. Es geht in ein Ohr hinein und aus dem anderen hinaus.
16. Mir läuft das Wasser im Mund zusammen.
17. Einem geschenkten Gaul schaut man nicht ins Maul.
18. Ich habe ein Völlegefühl im Magen.
19. Was man nicht im Kopf hat, muss man in den Beinen haben.
20. Unser Sohn hat seinen Doktor in Jura gemacht.

231. Tradurre „mit“:

1. Heute Abend gehe ich mit Mario aus.
2. Meine Tochter hat mit 22 Jahren geheiratet.
3. Ich bin mit den Prüfungsergebnissen zufrieden.
4. Wir wurden mit offenen Armen empfangen.
5. Mit dieser Brille sehe ich wenig.
6. Bist du mit den Hausaufgaben fertig?
7. Silvia liegt mit Fieber im Bett.
9. Wir fahren mit dem Zug nach Rom.
10. Mit der Zeit wird sich alles ändern.
11. Ich habe Probleme mit dem Knie.
12. Kennst du das Mädchen mit dem roten Kleid?
13. Iss nicht mit den Fingern!
14. Der Zug kommt mit zehn Minuten Verspätung an.

232. Tradurre* „mit“:

1. Man muss versuchen, das Angenehme mit dem Nützlichen zu verbinden.
2. Wir werden es mit vereinten Kräften schaffen.
3. Was soll ich mit all diesem Kram?
4. Ich will mit ihm nichts zu tun haben.
5. Du träumst mit offenen Augen.
6. Am Strand sieht man viele Frauen mit nacktem Busen.
7. Man muss mit gutem Beispiel vorangehen.
8. Der Junge ist mit dem Kopf auf den Gehweg geschlagen.
9. Wir sind mit heiler Haut davongekommen.
10. Italien gehört mit zu den schönsten Ländern der Welt.
11. So schlagen wir zwei Fliegen mit einer Klappe.

233. Tradurre „nach“:

1. Dieses Jahr fahren wir nach Sardinien.
2. Nach dem Abendessen gehen wir ins Kino.
3. Gehst du schon nach Hause?
4. Der Zug nach Rom fährt in fünf Minuten ab.
5. Mein Mann raucht eine Zigarette nach der anderen.
6. Du bist nach mir angekommen.
7. Meiner Meinung nach hat deine Frau Recht.

8. Ich kenne ihn nur dem Namen nach.
9. Sein Bedürfnis nach Unabhängigkeit ist sehr stark.
10. Es ist zehn nach fünf.

234. Tradurre* „nach“:

1. Nach meiner Uhr ist es zehn.
2. In diesem Fall steht das Adjektiv nach dem Substantiv.
3. Mein Zimmer liegt nach dem Garten.
4. Seine Frau ist nach der neuesten Mode gekleidet.
5. Nach dem Aussehen ist er Amerikaner.
6. Das ist nicht nach meinem Geschmack.
7. Man kann die Uhr nach ihm stellen.
8. Alles geht nach Wunsch.
9. Wir sind alle auf der Suche nach dem Glück.
10. Hier riecht es nach Zwiebeln.
11. Seinem Akzent nach ist er Engländer.

235. Tradurre „über“:

1. Ich habe ein Buch über Florenz gelesen.
2. Über uns wohnen die Olivatis.
3. Mein Opa ist über 80.
4. Fahren Sie über die Brücke und biegen Sie dann links ab.
5. Fußball geht ihm über alles.
6. Kann ich über Nacht bei euch bleiben?
7. Im Diktat hast du Fehler über Fehler gemacht.
8. Was hast du die ganze Zeit über gemacht?
9. Über dem Stadion kreiste ein Hubschrauber der Polizei.
10. Der Fluss trat über die Ufer.

236. Tradurre* „über“:

1. Wir sind über Florenz nach Rom gefahren.
2. Seine Leistungen liegen über dem Durchschnitt.
3. Ich habe bis um zwei Uhr nachts über den Büchern gesessen.
4. Über kurz oder lang werdet ihr es einsehen.
5. Ich kann italienisches Fernsehen über Satellit empfangen.
6. Das geht über meinen Verstand.
7. Mein Chef geht über Leichen.
8. Inzwischen müsstest du über dieses Alter hinaus sein.

237. Tradurre „um“:

1. Der Zug kommt um 15.03 Uhr an.
2. Sein Sohn ist bei einem Autounfall ums Leben gekommen.
3. Die Erde dreht sich um die Sonne.
4. Schade um die verlorene Zeit!
5. Um Gottes willen!
6. Um die Burg herum verläuft ein tiefer Graben.
7. Plötzlich kam ein Mann um die Ecke.
8. Es waren um die 6000 Zuschauer im Stadion.

238. Tradurre* „um“:

1. Ich habe mich um ein Stipendium beworben.
2. Viel Lärm um nichts.
3. Die Zinsen sind um 3% gestiegen.
4. Du bist nie um eine Ausrede verlegen.
5. Ich wiege um die 90 Kilo.
6. Der Tod seiner Tochter hat ihn um den Verstand gebracht.
7. Kümmere dich um deine eigenen Angelegenheiten!
8. Um ein Haar wäre das Kind unter die Straßenbahn gekommen.
9. Sie haben ihn um die Ecke gebracht.
10. Je früher wir anfangen, desto schneller sind wir fertig.
11. Seine Frau wird um die Vierzig sein.
12. Ein Mann um die Vierzig betrat die Bank.

239. Tradurre „unter“:

1. Das Heft liegt unter den Büchern.
2. Angela ist unter der Dusche.
3. Es ist zehn Grad unter Null.
4. Unter uns wohnt eine spanische Familie.
5. Ich habe den Schlüssel unter die Fußmatte gelegt.
6. Unter uns gibt es einen Verräter.
7. Man muss die Sache unter einem anderen Gesichtspunkt betrachten.
8. Unter Julius II. waren außergewöhnliche Werke begonnen worden.
9. Unter dieser Nummer bin ich immer erreichbar.
10. Wir bleiben lieber unter uns.
11. Ich leide sehr unter der Hitze.

240. Tradurre* „unter“:

1. Seine Noten liegen immer unter dem Durchschnitt.
2. Der Prozess findet unter Ausschluss der Öffentlichkeit statt.
3. Das ganze Bad stand unter Wasser.
4. Die Opposition setzt die Regierung unter Druck.
5. Unter uns gesagt haben sie Recht.
6. Ich bin gern unter Menschen.
7. Sein Sohn ist bös unter die Räder gekommen.
8. Er sagte es mir unter dem Siegel der Verschwiegenheit.
9. Wie soll man alle diese Meinungen unter einen Hut bringen?
10. Höchstwahrscheinlich wird er unters Messer müssen.
11. Du bringst mich noch unter die Erde!
12. Unter diesen Umständen kann ich nicht weiterarbeiten.
13. Das müssen wir unter allen Umständen vermeiden.
14. Die Leistung unserer Mannschaft war unter aller Kritik.
15. Das ist unter meinem Niveau.
16. Das Gehäuse des Fernsehers stand unter Strom.
17. Diese Aktion steht unter dem Schutz der Vereinten Nationen.

241. Tradurre „von“:

1. Was willst du von mir?
2. Hast du dich schon von den Großeltern verabschiedet?
3. Ich bin nicht von hier.
4. Ich hole euch vom Bahnhof ab.
5. Laura erwartet ein Kind von ihm.
6. Ich habe noch kein Geld von zu Hause erhalten.
7. Herr Rossi ist ein Kollege von mir.
8. Heute haben wir von 15 bis 22 Uhr gearbeitet.
9. Ich möchte lieber ein Bier vom Fass.
10. Ich bin noch von meinen Eltern finanziell abhängig.

242. Tradurre* „von“:

1. Drei von zehn Deutschen sind dafür.
2. Wir sind vom Regen in die Traufe gekommen.
3. Von mir aus kannst du hingehen.
4. Von morgen ab rauche ich nicht mehr.
5. Ich bin vom Fach.
6. Ich wusste schon von vornherein, dass das nicht stimmte.

7. Der Minister ist nicht bereit, von seinem Amt zurückzutreten.
8. Meine Schwester will von Heirat nichts wissen.
9. Ich kenne Mario von Kindheit an.
10. Seitdem er in Brasilien ist, hat er kein Lebenszeichen mehr von sich gegeben.
11. Meiner Meinung nach gehen Sie von falschen Voraussetzungen aus.
12. Von nichts kommt nichts.

243. Tradurre „vor“:

1. Wir haben uns vor dem Bahnhof getroffen.
2. Ich kann heute nicht vor 5 Uhr kommen.
3. Es war die Ruhe vor dem Sturm.
4. Der Zug ist vor zehn Minuten abgefahren.
5. Ich zitterte vor Angst.
6. Angelo ist vor dir angekommen.
7. Rom wurde 753 v. Chr. gegründet.
8. Ich habe vor Hunden Angst.
9. Wir werden uns vor Gericht wiedersehen!

244. Tradurre* „vor“:

1. In diesem Viertel wohnen vor allem Ausländer.
2. Es ist frustrierend, vor leeren Rängen zu spielen.
3. Vor allen Dingen müssen wir einen Stürmer verpflichten.
4. Der Vorfall hat sich vor meinen Augen abgespielt.
5. Vor lauter Schmerzen konnte ich kein Wort hervorbringen.
6. Vor Taschendieben wird gewarnt.
7. Unser Sohn stellt uns immer vor vollendete Tatsachen.
8. Was werden wir sagen, wenn wir vor Gottes Angesicht treten?
9. Ich habe nicht alle Papiere vor Ablauf der Meldefrist besorgen können.
10. Ich konnte mich vor Müdigkeit nicht mehr auf den Beinen halten.

245. Tradurre „zu“:

1. Ich lade dich zum Abendessen ein.
2. Heute Abend gehe ich zu Mario.
3. Ich muss zum Augenarzt gehen.
4. Wir bleiben zu Hause.

5. Ich bin zum ersten Mal hier.
6. Zum Glück war die Post noch geöffnet.
7. Was trinkst du zum Fisch?
8. Ist das der Weg zum Bahnhof?
9. Mein Sohn wirft sein Geld zum Fenster hinaus.
10. Du bist zum richtigen Zeitpunkt gekommen.

246. Tradurre* „zu“:

1. Diese Bluse passt gut zu deinem grünen Rock.
2. Was sagst du zu diesem Vorschlag?
3. Das ist zum Kotzen!
4. Es war zu erwarten.
5. Zu meinem großen Bedauern hat er mein Angebot nicht angenommen.
6. Die Strafe wurde zur Bewährung ausgesetzt.
7. Ich bin nicht gut zu Fuß.
8. Bücher zum halben Preis.
9. Morgen muss ich zum Röntgen.
10. Ich bin zum Umfallen müde.
11. Wir hoffen, dass er zur Vernunft kommt.

247. Tradurre:

1. In den Geschäften im Zentrum kauft man gut.
2. Der Junge in der zweiten Reihe ist Grieche.
3. Der Herr im vierten Stock ist Mathematiklehrer.
4. Ich nehme immer den Zug um 7 Uhr.
5. Wie heißt die Apotheke an der Ecke?
6. Ich kenne alle Museen in Florenz.
7. Maria ist das intelligenteste Mädchen in der Klasse.
8. Der Kaffee in der Bar ist besser.
9. Die Erdbeben im Friaul haben 1000 Todesopfer gefordert.
10. Die Jugendlichen zu meiner Zeit waren weniger aggressiv.
11. Die Mädchen in unserer Klasse sind besser in Latein.

Capitolo 23 La struttura della frase (§§ 290-301)

248. Scegliere la forma appropriata:

1. L'industria è in ripresa: la domanda è cresciuta e l'offerta è diminuita/è cresciuta la domanda ed è diminuita l'offerta.
2. Domani si riunirà il Consiglio dei ministri/il Consiglio dei ministri si riunirà.
3. Il numero 16 entra in campo./Entra in campo il numero 16.
4. Mi si è rotto un dente./Un dente mi si è rotto.
5. La guerra è scoppiata./È scoppiata la guerra.
6. Che cosa Giovanni ha detto?/Che cosa ha detto Giovanni?
7. È questo posto libero?/Questo posto è libero?/È libero questo posto?
8. La macchina che tuo fratello ha comprato/ha comprato tuo fratello mi piace molto.
9. Cinque minuti mancano/Mancano cinque minuti alla fine del primo tempo.
10. Non so che cosa abbiano deciso i suoi genitori/i suoi genitori abbiano deciso.

249. Mettere il complemento diretto all'inizio della frase:

1. Non metto in dubbio *questo.*
2. Non si elimina *un male* con un altro male.
3. Non sappiamo *nulla* di lui.
4. Io metto a tua disposizione *tutto quello che vuoi*.
5. L'amore vince *tutto.*
6. Ho letto *questo romanzo* in cinque ore.
7. Capivamo *rare parole* di tutto quello che diceva.
8. Troveremo *un accordo*.
9. Aveva *gli occhi nerissimi*, come i capelli.
10. Lui non sapeva fare *nemmeno questo*.
11. Non abbiamo *altre armi.*
12. Non ho mai avuto *una cucina come questa*.
13. Sono io che ho fatto stampare *quei fogli*.
14. Sono i cafoni che combattono *la guerra*, ma sono le autorità che la dichiarano.
15. Il gusto del pubblico muta rapidamente. I produttori sanno *questo.*
16. Nessuno *vi* ha invitato.

17. Ho *la macchina* da due mesi.
18. La mutua non paga *questo*.
19. Io non ho fatto *male* a nessuno.
20. Ma lui ha tanti *libri*.
21. Non è facile trovare *un marito come me*.

250. Mettere il complemento indiretto all'inizio della frase:

1. Bisogna dare *a un uomo* il cibo che gli piace.
2. Le lasagne piacciono *a mio figlio*.
3. Non ho detto niente *a Maria*.
4. Non ho ancora telefonato *ai nonni*.
5. Non ha risposto *alle mie lettere*.

251. Mettere il complemento preposizionale all'inizio della frase:

1. Non esco mai *con Angela*.
2. Non pensa mai *ai suoi colleghi*.
3. Anche altri fattori contribuirono *a questo*.
4. Non conosciamo né le origini né la lingua *degli Etruschi*.
5. Non metteva più piede *a Fontamara*.
6. Tutti salgono *sul campanile*.

252. Tradurre*:

1. Meine Frau habe ich in Florenz kennen gelernt.
2. Die Hausaufgaben mache ich immer abends.
3. In Ancona wohne ich seit drei Jahren.
4. Nach Frankreich fahre ich dreimal im Monat.
5. Über Geschäfte haben wir nicht gesprochen.
6. Wein trinkt er viel.
7. Zwei Liter Wein hat er getrunken!
8. Luigi habe ich gesehen, nicht Marco.
9. Mit der Reparatur bin ich nicht zufrieden.
10. Mit Angelo verstehe ich mich sehr gut.
11. Gelernt habe ich genug.
12. Abgefahren sind sie schon um 5 Uhr.
13. Können tu ich, aber ich will nicht.
14. Wollen möchte ich, aber ich kann nicht.
15. Zwei Schachteln Zigaretten raucht ihr Mann täglich!

16. Das hat auch dein Vater gesagt.
17. Arzt willst du werden?
18. Meiner Frau habe ich nichts gesagt.
19. Lügen muss man können!
20. Ein Exemplar haben wir gefunden.
21. Deutsch spricht dein Vater wirklich gut.
22. Deine Schwester habe ich im Schwimmbad gesehen.
23. Meinem Mann gefällt dieses Gemälde nicht.
24. Bier habe ich nicht viel getrunken.
25. Diesen Schurken will ich nicht mehr sehen.
26. Drei Stunden habe ich auf dich gewartet!
27. Gestanden hat der Angeklagte noch nicht.
28. Nach Neapel fahre ich oft.
29. Erdbeeren haben wir drei Kilo geerntet.
30. Heiraten wird er dich nicht.
31. Gegessen wird abends.
32. Verdient habe ich nicht viel.
33. Zahlen mussten immer die Armen, besonders die Bauern.
34. Lange habe ich nicht mehr so gut gegessen.
35. Gesehen habe ich deine Frau nicht.
36. Nicht allein von Brot lebt der Mensch.
37. Entdeckt haben die Leiche zwei Spaziergänger.
38. Gewonnen haben den Preis zwei junge französische Komponisten.
39. Dieses Buch findest du in jeder Buchhandlung.
40. Arbeiten wollen sie nicht gehen.
41. Verrückte gibt es überall.
42. Dass seine Tochter ab und zu der Prostitution nachgeht, hat mir eine gesagt, die es berufsmäßig macht.
43. Meine Mutter rufe ich jeden Tag an.
44. Seine Aufrichtigkeit bezweifle ich nicht.
45. Geduld hat sein Vater wenig.
46. Einen sehr vernünftigen Vorschlag hat unser Abteilungsleiter gemacht.
47. Enttäuscht wird sie sicher sein.
48. Das Geld hätte ich.
49. Verstanden habe ich das nie.
50. Das habe ich nie verstanden.

253. Trasformare le frasi secondo il modello seguente:
I ricchi hanno il potere. → Sono i ricchi ad avere il potere.

1. *Questo accordo* garantisce la pace.
2. *Il tempo* cancellerà la tua sofferenza.
3. *I tuoi genitori* hanno fatto questa proposta.
4. *Carlo VIII* calò in Italia nel 1494.
5. *I più deboli* ne porterebbero le conseguenze.
6. *Sua moglie* ha chiesto il divorzio.

254. Trasformare le frasi secondo il modello seguente*:
Ieri mattina *gli agenti della volante* hanno scoperto l'accaduto.
→ A scoprire l'accaduto sono stati ieri mattina gli agenti della volante.

1. *Il fratello minore* l'ha trovato.
2. *I titolari della clinica* avrebbero organizzato le truffe.
3. *I siciliani* si ribellarono.
4. *Principalmente la Chiesa* ostacolò il programma di Federico II.
5. *Il popolo e la borghesia* pagavano le tasse.
6. *Soprattutto le grandi imprese* hanno beneficiato della favorevole congiuntura economica.
7. *I poveri* ne faranno le spese.

255. Trasformare le frasi secondo il modello seguente:
Non mangio *da due giorni*. → È da due giorni che non mangio.

1. Voleva cambiare *già da un po'*.
2. Aspetto *da due ore*.
3. Non si tratta *di questo*.
4. Noi ridiamo, ma le cose vanno *così*.
5. I due si conobbero *lì*.
6. Tutti noi dobbiamo tendere *a questo traguardo*.
7. Devi entrare *qui*.
8. *Siracusa* lotterà a lungo, prima contro i fenici e poi contro i romani.
9. Dobbiamo battere *il Milan*.
10. Ci ha aiutato *Mario*.
11. *Mio fratello* trova da ridire su tutto.
12. *Io* faccio sempre la colazione.

Capitolo 24 Il discorso indiretto (§§ 302-305)

256. Mettere al discorso indiretto:

1. Non lo so.
   Mio fratello dice che ☐.
2. Mi farò crescere la barba
   Stamattina mio figlio mi ha detto che ☐.
3. I miei genitori divorzieranno.
   Marilena disse che ☐.
4. Hai ragione tu.
   Mario dice che ☐.
5. Non cambierà nulla.
   Mi disse che ☐.
6. Non l'ho ancora visto.
   Ci rispose che ☐.
7. Non lo sapevamo.
   Dissero che ☐.
8. Mi occuperò della faccenda.
   Mio cognato mi aveva promesso che ☐.
9. Vado al mercato.
   La nonna disse che ☐.
10. Vi restituirò i compiti giovedì.
    Il professore aveva promesso che ☐.
11. Non ho capito la domanda.
    L'alunno disse al professore che ☐.
12. Sono io che faccio le veci di mio marito.
    La signora disse che ☐.
13. Non Le verranno delle noie.
    Mi assicurarono che ☐.
14. Assaggi queste focacce.
    Lei mi disse ☐.
15. I tuoi genitori ti hanno concesso di restare un po' con me.
    Don Camillo disse a Gigino che ☐.
16. Mi prepari un chilo di melanzane, per favore.
    La signora chiese al fruttivendolo ☐.
17. Riduca il fumo e faccia un po' di ginnastica.
    Il medico raccomandò a mio padre ☐.

257. Mettere al discorso indiretto*:

1. Vi racconterò una bella favola se mi promettete che starete buoni e se, dopo, andrete a letto senza piangere.
   La nonna disse ai nipotini che □.
2. Se le circostanze rimarranno favorevoli, i viaggiatori raggiungeranno i trenta milioni entro un decennio, e finiranno con l'uguagliare e addirittura con il superare il numero degli abitanti della penisola. (L. Barzini)
   Il giornalista disse che □.
3. Già è stato difficile trovare il coraggio di farti vedere il libriccino; sei l'unica persona al mondo che sappia della sua esistenza e se lo leggessi davanti a me, non riuscirei a sopportare l'ansia e i timori e molto probabilmente ti chiederei di riconsegnarmelo.
   La zia mi disse che □. (L. Cardella)
4. Tutto quello che vuoi, lo metto a tua disposizione. Non vergognarti di domandarmi quello che più ti piace. (I. Silone)
   Iddio disse a San Giuseppe da Copertino che □.
5. Quassù in cielo comando io. Quassù posso fare quello che mi pare. E ti voglio veramente bene; qualunque cosa mi domanderai, ti sarà concessa. (I. Silone)
   Iddio gli rispose incoraggiandolo che □.
6. Se facevamo finta di non vedere o sentire, o se tardavamo di cinque minuti, il giorno dopo non ci era permesso di fare il bagno.
   Susanna Agnelli raccontò che □.
7. Se uno non ha seguito regolarmente tutte le classi oppure non ha dato gli esami privatamente ogni anno, non può presentarsi agli esami di maturità se non dopo compiuto ventitré anni.
   A quel tempo in Italia la legge stabiliva che □. (S. Agnelli)
8. Naturalmente nessuno sa con esattezza che cosa succederà. Il generale Carboni è certo che Roma sarà brillantemente difesa.
   Poi [Raimondo] aggiungeva che □. (S. Agnelli)
9. Oggi pomeriggio verrà Angelina.
   Dissi a mia madre che □.
10. Sono dottore, ma da anni non esercito; certamente esiste un medico nel paese, chiamate quello.
    Dissi che □. (C. Levi)
11. Andrò a fare le valigie, così domani potrò partire.
    Silvia disse che □.

12. Ti lascerò qui e me ne andrò.
Antonio disse a Silvia che ☐.
13. Non c'è nessuna figura o forma, che l'artista possa immaginare, che non sia dentro il marmo.
Michelangelo diceva che ☐.
14. Temo che se non porterò il falcone a mio figlio possa aggravarsi e forse morire.
Monna Giovanna temeva che ☐.
15. Sono comunista e voterò per il Partito comunista e cercherò di convincere più gente che potrò a votare per il Partito comunista, l'unico partito che possa dare al popolo il benessere e la giustizia sociale e la pace. (G. Guareschi)
Peppone rispose che ☐.
16. Se tu conserverai il segreto, ti rivelerò un pensiero che ho avuto più volte.
L'una delle suore disse a Masetto che ☐.
17. Non smetterò di provare finché non avrò trovato la soluzione di questo problema.
Lo studente disse che ☐.
18. Se tu continuerai a mettere Angela contro di me, io andrò a raccontare ogni cosa a tua madre.
La ragazza le disse che ☐.
19. Se sarai promosso, potrai fare un bel viaggio all'estero.
I genitori avevano promesso al figlio che ☐.
20. Gli ho lasciato scritto che tornerò soltanto quando avrò trovato una camera nuova.
Silvia raccontò che ☐.
21. Non so ancora cosa farò da grande.
Il bambino rispose che ☐.
22. Se continua questo brutto tempo, ritorneremo presto a casa.
La mamma disse ai bambini che ☐.
23. La mamma è andata a fare la spesa e tornerà tardi, preparatevi uno spuntino.
Il padre gli disse che ☐.
24. Se lo fai, andrai all'Inferno.
Mi dissero che ☐.
25. Mi farò crescere la barba durante le vacanze.
Papà ci disse che ☐.

258. Mettere al discorso indiretto*:

1. Questa giacca l'ho comprata poco fa in un negozio qui vicino e non l'ho pagata molto.
   La mia amica mi disse che ☐.
2. Due anni fa feci un meraviglioso viaggio in Oriente e là facemmo conoscenza con un santone che ci insegnò lo yoga.
   Il mio collega mi raccontò che ☐.
3. Il prossimo anno non viaggerò molto.
   Il direttore disse che ☐.
4. Verrò a trovarti fra qualche giorno.
   Giuseppe mi fece sapere che ☐.
5. Domani ti porto il disco che ho comprato ieri e te lo faccio sentire.
   Mio cugino mi disse che ☐.
6. Quest'anno ho visitato Atene; c'ero già stato molti anni fa ma non me la ricordavo così bella.
   Giorgio mi raccontò che ☐.
7. Li vedrò senz'altro domani mattina qui in ufficio.
   La mia collega mi disse che ☐.
8. Vai subito a cambiarti.
   Le dissi seccamente che ☐.
9. Se mai arriverai a ottant'anni, capirai che a quest'età ci si sente come foglie alla fine di settembre. (S. Tamaro)
   La nonna le disse che ☐.
10. Io rimarrei volentieri sola, ma se voi desiderate che prenda marito, sposerò soltanto Federigo degli Alberighi.
    Monna Giovanna disse ai suoi fratelli che ☐.
11. Quando avrò ottenuto la separazione potremo avere un figlio nostro.
    Lui mi diceva che ☐.
12. Se mi fingerò muto, verrò accolto.
    Masetto pensò che ☐.
13. Oggi pomeriggio verrà il mio fidanzato.
    Dissi a mia madre che ☐.
14. Domani sera vi porterò al cinema.
    Il nonno ci aveva promesso che ☐.
15. State tranquilli!
    Il preside disse ai genitori che ☐.

259. Tradurre:

1. Er sagte, er habe keine Lust, ins Kino zu gehen.
2. Ich antwortete, dass ich es nicht wisse.
3. Angela sagt, sie habe diesen Film schon dreimal gesehen.
4. Meine Freundin sagte mir, sie werde sich das Geld von ihrem Bruder leihen.
5. Dein Mathematiklehrer hat mir gesagt, dass du ständig störst.
6. Unser Sohn hat versprochen, dass er mehr lernen werde.
7. Ich telefonierte ihm, er solle sofort nach Hause kommen.
8. Sie sagte mir ganz glücklich, dass sie ein Kind erwarte.
9. Der Zeuge behauptete, er kenne den Angeklagten nicht.
10. Ich werde sagen, dass du nichts davon wusstest.
11. Die Frau erklärte, dass sie nur in Anwesenheit ihres Anwalts sprechen werde.
12. Lisa hat gesagt, dass sie gut Deutsch könne.
13. Er fügte hinzu, dass die Sache ihm sehr am Herzen liege.
14. Heute Morgen hat man mir gesagt, dass ich entlassen würde.
15. Er sagte, es lohne sich nicht.

260. Tradurre*:

1. Er sagte, seine Frau werde sich von ihm scheiden lassen, wenn er sich nicht von seiner Geliebten trenne.
2. Ich sagte ihm, ich würde ihn informieren, sobald ich es könne.
3. Mein Onkel antwortete, er werde mir die Summe leihen, die ich benötigte, wenn ich ihm versprechen würde, das Geld für den von mir genannten Zweck zu verwenden.
4. Mein Freund sagte, er werde sich um diese Stelle bewerben, obwohl er nur wenig Hoffnung habe, sie zu bekommen.
5. Der Kanzler hatte erklärt, dass er alles unternehmen werde, um die Schwierigkeiten aus dem Weg zu räumen, die entstanden seien.
6. Der Angeklagte sagte, er habe die Frau überfallen, weil er drogenabhängig sei und Geld gebraucht habe, um sich Heroin zu beschaffen.
7. Meine Schwester sagte, sie könne nicht sicher sein, dass er sein Wort halten würde, weil er sie schon mehrere Male enttäuscht hatte; daher habe sie vor, sich selbst um die Angelegenheit zu kümmern.

8. Der Lehrer sagte seinen Schülern, dass, wenn sie sich schlecht betragen würden, es Ärger gebe.
9. Meine Tochter hatte gesagt, dass sie uns anrufen werde, sobald sie ankomme.
10. Mein Vater versprach mir, dass, wenn es vor Sonntag schneie, wir zum Skilaufen in die Berge fahren würden.
11. Mein Onkel fragte mich, ob ich das Buch gelesen hätte, das er mir drei Monate zuvor geschenkt hatte.
12. Ich wollte meiner Mutter sagen, dass ich mit einer Freundin im Kino gewesen sei, aber ich wusste nicht, ob sie es glauben würde.
13. Der Lehrer schrieb ihm auf das Blatt, dass das nicht auf seinem Mist gewachsen sei.
14. Ich war glücklich bei dem Gedanken, dass ich die Freundinnen vom Jahr zuvor wiedersehen würde.
15. Man hat nicht die geringste Ahnung, wer es sein kann.
16. Der Bürgermeister erklärte vor zwei Jahren, dass er gegen die Schließung des Betriebs sei und dass er alles tun werde, um die Arbeitsplätze zu erhalten.
17. Silvia sagte neulich, dass, wenn sie ein Kind bekomme, sie aufhören werde zu arbeiten, aber falls es ein finanzielles Problem gebe, sie wieder arbeiten würde.

261. Trasformare le interrogative dirette in indirette:

1. Vuoi venire?
   Gli chiesi □.
2. Dov'è?
   Non so □.
3. Hai mangiato?
   La moglie gli chiese □.
4. Dove li hai visti?
   Volevo sapere □.
5. Perché vuoi diventare suora?
   La madre le chiese □.
6. Che cosa è successo?
   Non avevo capito □.
7. Quanto hai pagato questa gonna?
   Mia madre voleva sapere □.

8. Perché hai abbandonato gli studi?
   Tuo zio vuole sapere ☐.
9. Mi comprerò una macchina nuova.
   Chiesi a mio padre ☐.
10. Come si dice «tossire» in tedesco? Sai ☐?
11. Domani venite in gita con noi?
    I nonni chiesero ai nipoti.

262. Completare:

1. Quando si ha a che fare con un italiano è sempre prudente accertare da che parte ☐ (stare), di quale cricca, associazione o partito ☐ (fare) parte, chi lo ☐ (proteggere), chi ☐ (essere) i suoi amici e da dove ☐ (trarre) il proprio potere. (L. Barzini)
2. La sera ci siedevamo a chiacchierare, senza sapere che cosa il domani ci ☐ (portare). (S. Agnelli)
3. Mi chiese dove li ☐ (conoscere).
4. Non riesco a capire per quale motivo suo marito ☐ (suicidarsi).
5. Non so se questa chiave ☐ (corrispondere).
6. Mi chiedo come mio figlio ☐ (fare) a superare l'esame di maturità l'anno prossimo.
7. Gli chiesi se ☐ (avere) ancora la chiave della macchina.
8. Volevo sapere chi ci ☐ (tradire).
9. Sapete chi ☐ (dire): «Fatta l'Italia, bisogna fare gli italiani»?
10. Maria, dimmi in quale discoteca ☐ (andare) ieri sera.
11. Si ha già un sospetto su chi ☐ (potere) avere ucciso la ragazza?
12. Gli avevo chiesto in che cosa ☐ (consistere) esattamente il suo lavoro.
13. Mi chiesi che cosa ☐ (fare) Gianni se ☐ (arrivare) al nostro appuntamento e non mi ☐ (trovare)?
14. Maria ha telefonato per chiedere ad Angela se ☐ (andare) con lei al mare per prendere il sole.
15. Non so perché Angelo ☐ (separarsi) da sua moglie.
16. Non sappiamo ancora dove ☐ (passare) le vacanze quest'anno.
17. La polizia voleva sapere se il portone ☐ (essere) chiuso.
18. La signora del quinto piano mi chiese se ☐ (potere) darle una mano.
19. Non so come ☐ (succedere).

263. Tradurre:

1. Er weiß nicht, was Liebe ist.
2. Ich weiß nicht, wo mein Füller hingekommen ist.
3. Ich weiß nicht, ob er kommt.
4. Ich weiß nicht, ob er kommen wird.
5. Ich wusste nicht mehr, was «gähnen» auf Englisch heißt.
6. Sag mir, was er dir geantwortet hat.
7. Er sagte mir nicht, wer angerufen hatte.
8. Ich fragte ihn, ob er ihn kenne.
9. Ich kann nicht verstehen, wie man das Gegenteil behaupten kann.
10. Ich frage mich, wo das hinführen wird.
11. Merkst du nicht, wie sehr er in dich verliebt ist?
12. Wir wussten nicht, wie wir uns verhalten sollten.
13. Meine Frau weiß nie, was sie anziehen soll.
14. Wir wussten nicht, ob sie würden kommen können.
15. Ich bin nicht sicher, wann sie abgereist sind.
16. Die Frage, ob er annehmen würde, interessierte mich sehr.
17. Sie wusste nicht mehr genau, wie viel sie für die Jacke bezahlt hatte.
18. Ich bin gespannt, ob er etwas von sich hören lässt.
19. Es geht darum, wer als Letzter das Büro verlassen hat.
20. Mich würde interessieren, was sein Vater gesagt hat.
21. Es stellt sich das Problem, wie man die Arbeitslosenzahl reduzieren kann.
22. Wir wussten nicht, wie sich unser Sohn verhalten würde.
23. Es ist schwer zu sagen, wer der beste Torwart der Welt ist.
24. Können Sie mir sagen, wo das Hotel Astor ist?
25. Frag ihn, ob er Lust hat, mit uns ins Kino zu gehen.
26. Ich überlege schon die ganze Zeit, wie ich es ihm erklären soll.
27. Sie konnten nicht mit Sicherheit sagen, wann sie ihn zum letzten Mal gesehen hatten.
28. Erklär mir bitte, warum du diese Lügen über uns erzählst.
29. Mario hat uns nie gesagt, aus welchem Grund er gekündigt hat.
30. Kannst du mir sagen, wozu ich diese Dinge lernen soll?
31. Lisa fragte ihre Mutter, ob sie mit ihr am Tag darauf in die Stadt gehe.
32. Ich weiß nicht, was ich ohne deine Hilfe gemacht hätte.

Capitolo 25 Caccia all'errore

264. Correggere gli errori contenuti nelle seguenti frasi:

1. Il mio fidanzato è anche di Firenze.
2. Suo zio abita al numero 15 in via Manzoni.
3. Sai suonare mandolina?
4. Dove avete passato la fine settimana?
5. Queste arme sono molto pericolose.
6. Le spiaggie erano deserte.
7. Io povera!
8. Stanotte ho avuto un brutto sogno.
9. Hai le mane sporche.
10. Il bambino si mette i diti in bocca.
11. E da bere, che cosa Le porto? – Come sempre.
12. Ho bisogno di due pai di scarpe.
13. Portatemi i vostri capilavori.
14. La tragica è che non vivrà a lungo.
15. Si suda attraverso le pore.
16. Ho letto un libro sui dii grechi.
17. Il Papa Giulio II incaricò Michelangelo di dipingere il volto della Cappella Sistina.
18. Ho due occhiali.
19. Come si chiamano i Re Maghi?
20. Camminare si scrive con due emmi.
21. I costi della vita sono molto alti.
22. Chi ha vinto il finale?
23. La libella ha quattro ale trasparenti.
24. Il tempo è maturo.
25. I carceri sono sovraffollati.
26. Come ti piace questo film?
27. Scusi, dove c'è un bar qui vicino?
28. Abito già sempre qui.
29. Che pesi?
30. Che, per esempio, ti piace a Roma?
31. Come spesso vai in Italia?
32. Che professione ha tuo padre?
33. Che cosa tuo fratello ha detto?

34. Da dove lo sapete?
35. Sono sceso le scale.
36. L'ho visto quattordici giorni fa.
37. Il treno arriva alle tre meno venticinque.
38. Verrò verso le cinque e quarto.
39. Lavoro da 8.00 a 18.00.
40. Quest'anno abbiamo speso cinque millioni euro.
41. Mio figlio è nato 1992.
42. L'hai telefonata?
43. Gli penserò sempre.
44. Se io fossi tu, non lo farei.
45. L'ho visto e sua sorella.
46. Hai il libro? - Sì, l'ho.
47. Me l'ha detto un collega di me.
48. Ho visto salirla.
49. Non voglio far vedergli la foto.
50. Chi hai visto? - L'ho visto.
51. Non ci ho voluto andare.
52. Io e tu andiamo d'accordo.
53. Comprilo!
54. Silvio, vorresti un caffè?
55. Egli e Mario vanno a Parigi domani.
56. Ne so quanto tu.
57. Non si sa perché ha commesso suicidio.
58. Ancora oggi sarai libero.
59. Disse che lo sapesse.
60. La ringrazio ancora una volta per il bellissimo regalo.
61. Dovresti farmi un favore. - Già di nuovo?
62. Le cicogne volano altamente.
63. Ci siamo sposati ecclesiasticamente.
64. Mi piace mangiare il pesce.
65. La fermata è in fronte al museo.
66. Non so dove ho messo i miei occhiali di sole.
67. Quest'anno sono venuti molto più turisti.
68. Troia ha realmente esistito.
69. Oggi non mi sento benissimo.
70. Bayern ha battuto Lazio 3-2.

265. Correggere gli errori contenuti nelle seguenti frasi:

1. Cercavamo una camera che dia sul cortile.
2. Mia figlia sta telefonando con il suo ragazzo.
3. L'anno scorso mio figlio ha cambiato la scuola.
4. Questi documenti sono difficili di ricevere.
5. Come ti piace questo quadro?
6. L'eccessivo uso dell'alcol, nei più casi, è dovuto ad un grave disagio interiore.
7. Sempre quando mi vede, mi chiede di mia sorella.
8. Molte donne bevono quando suoi mariti sono al lavoro.
9. Ho acceso il riscaldamento perché mi era freddo.
10. Questa gonna è molto troppo corta.
11. Ho fatto la conoscenza con un ragazzo molto simpatico.
12. I prezzi salgono da giorno a giorno.
13. Non è lontano, ci possiamo camminare.
14. Non è un film a colori, è un film nero bianco
15. Mio padre lavora da BMW.
16. Ho provato di finire di fumare diverse volte, ma non sono mai riuscito.
17. Mi sono prestato cento euro da mio fratello.
18. Questo è chiesto troppo.
19. La sorella di Maria è la ragazza più simpatica che io ho mai conosciuto.
20. Questo libro è stato tradotto dall'inglese all'italiano.
21. La casa è stata distrutta fino ai fondamenti.
22. Disse che mi aiuterebbe.
23. Sono diminuiti i consumenti di eroina e sono aumentati quelli di cocaina.
24. Edda è molto diversa di suo fratello.
25. Angelina, hai bisogno del mio aiuto? – No, sono quasi finito, grazie.
26. Mentre il direttore ha parlato con il cliente, la segretaria ha portato il caffè.
27. Paolo, perché hai arrabbiato tua madre?
28. Mia figlia si è sposata con 22 anni.
29. Adesso dove il suo marito è morto, la vita non ha più senso per lei.

30. Domani viaggio a Firenze.
31. Stamattina mi sono alzato alle sei, come di solito.
32. Questa gonna va bene nella lunghezza.
33. La morale della squadra è eccellente.
34. Castel del Monte è uno dei castelli più belli dell'Europa.
35. Abbiamo affittato due biciclette.
36. Mia fidanzata ha capelli marrone.
37. Abbiamo visto i freschi di Michelangelo nella Cappella Sistina.
38. Domani andiamo a vedere il Palazzo Pitti.
39. Ho prenotato una tavola per quatro personi.
40. Non fuma tanto!
41. Guarda che bel canino!
42. Non ne beverò mai più.
43. Ci sono molti che lavorano nero.
44. Posso provare la prossima taglia?
45. Quest'anno Natale cade su un giovedì.
46. Non abbiamo riuscito a solvere il problema.
47. Alzate le bracce!
48. Mi fanno male gli ossi.
49. Quest'arancie sono ottime.
50. Piove sempre ancora.
51. Angelo è inamorato in Silvia.
52. Fisica è la mia materia preferita.
53. Per una donna alla mia età è difficile di avere altri contatti.
54. L'ho fatto capire che non è possibile.
55. Dove metto i piatti? – I piatti vengono lì in alto.
56. Ti serve qualcosa dal mercato?
57. Le mando e a sua moglie i migliori saluti.
58. Cerco a essere a casa verso sette.
59. Lei è qui in vacanze?
60. È qui a Manheim da lungo?
61. È difficile di ottenere questi documenti.
62. Sono male in italiano.
63. Vorrei che lo sappiano tutti.
64. Ho comprato un paio di scarpe grige.
65. L'ultimo anno siamo andati in Francia.

266. Correggere gli errori contenuti nelle seguenti frasi:

1. Quest'anno è caduta molto più neve.
2. Siamo molto delusi del suo comportamento.
3. Si sono seperati dopo tre anni della convivenza.
4. Sono stato in Grecia per mezz'anno.
5. Il pomeriggio si è libero.
6. Sono le sette e quarto.
7. Ieri sera ho telefonato con lei.
8. Sono le sette meno venticinque.
9. Il mio sogno è avere un Ferrari.
10. Bisogna guardare nel futuro.
11. Ti desidero ogni bene.
12. Come vi piace a Torino?
13. Oggi vado alla sauna.
14. Quanto affitto pagate?
15. Il museo è cento metri da qui.
16. L'hai domandata?
17. Racconta tutto che hai visto!
18. Verde ti sta bene.
19. Ci sono rose in colori diversi.
20. Quella porta lì in fondo, dove va?
21. Questo libro mi ha dato il mio vicino.
22. Me l'ha detto un collega di me.
23. Mario, devi imparare più!
24. Si hanno avuto molti problemi.
25. Perché non lo conoscevo, non l'ho salutato.
26. Non sono buono in italiano.
27. Stasera andiamo a Stefano.
28. Mi voglio ringraziare da te.
29. L'anno scorso abbiamo passato le vacanze all'Adria.
30. Piero ha già tre matrimoni dietro sé.
31. Prendo sempre il treno alle otto.
32. Quanto tempo hai messo per fare i compiti?
33. Chi è responsabile per la situazione catastrofale?
34. Conosci il signore chi abita nel terzo piano?
35. Io sono quindici anni; mio fratello è diciasette.
36. Sono dal Nord.

37. L'ho visti ieri.
38. Abbiamo trascorso quattordici giorni a Capri.
39. Non ho trovato il libro che ho bisogno.
40. Non gli penso più.
41. L'aereo a Londra parte in un'ora.
42. Questi libri ho avuto a mezzo prezzo.
43. Ogni volta quando chiamo mia sorella, cade la linea.
44. Ieri mi ha visitato Luigi.
45. Questo terreno è ancora da avere.
46. Mia fidanzata ha le belle mani.
47. Se io sarei tu, non lo farei.
48. Mario è arrivato dopo noi.
49. Mio zio ha cercato la sua fortuna in Brasile.
50. Mio padre sta lavorando in orto.
51. Ti gratulo per la tua promozione.
52. Ci troviamo in una male situazione.
53. Quante hai fumato oggi?
54. Scusi, mi sa dire dov'è la via Manzoni?
55. Hai il tempo esatto?
56. Viviamo in una società di consumo.
57. Ho un sonno leggero.
58. Ho visto Plácido Domingo nel ruolo dell'Otello.
59. Tutto è diverso di prima.
60. Insisto che mio figlio termina gli studi.
61. Si è giovane una volta sola.
62. Suo fratello non sa leggere e scrivere.
63. Questa notizia li ha alarmato.
64. Ho abonnato il *Corriere della Sera.*
65. Appello al tuo senso di giustizia.
66. L'hanno preso in flagranti.
67. Il nostro preside ha una buona conoscenza d'inglese.
68. 31% dei giovani è senza lavoro.
69. C'è molta intoleranza nei confronti dei meridionali.
70. I soldi non bastano per sopportare la famiglia.
71. Dobbiamo incominciare a zero.
72. Hai il passaporto? – Sì, l'ho.
73. Mi fai un tè di camilla?

267. Correggere gli errori contenuti nelle seguenti frasi:

1. Questo sono tutto bugie.
2. Nessuno ha sopravissuto la catastrofe.
3. Questa gonna ha costato caro.
4. Non ci ho voluto andare.
5. È nato come figlio da una famiglia benestante.
6. La lunghezza dell'Apennino è circa 1350 km.
7. Come ti ha piaciuto il caviar?
8. Non so dove ho messo le chiavi della casa.
9. Come si chiama la signora al quinto piano?
10. La ragazza aveva lacrime negli occhi.
11. Qui siamo sicuri dai nemici.
12. Mi sento più come italiana che come tedesca.
13. Nell'ultimo tempo mio padre è molto nervoso.
14. Sono caduto da tutte le nuvole.
15. Affare è affare.
16. Questa gonna è stretta alla vita.
17. Tra noi è finito.
18. Le condizioni di vita si sono amegliorate.
19. Siamo andati nella pioggia.
20. Quanti sacramenti ci sono?
21. Questo è tipico per il suo modo di pensare.
22. Non posso più.
23. Come stai? – Grazie, bene.
24. Mio figlio deve arrivare ogni momento.
25. Mario è più intelligente che tu credi.
26. Questo treno si ferma in tutte le stazioni.
27. Adesso mio fratello mangia ancora più.
28. Sono finito con tutto.
29. Mia figlia è diventata incinta con sedici anni.
30. Domani è anche un giorno.
31. Questi articoli costano tutti ugualmente.
32. Ho cominciato piccolo.
33. Birra non ho bevuto.
34. Non sono di ieri.
35. Le foto sono diventate molto belle.
36. Hai fuoco?

37. Gli alunni guardano spesso sull'orologio.
38. Nostro figlio ha tutto che ha bisogno.
39. Ne l'abbiamo informato.
40. Nell'ultimo tempo gli esporti hanno diminuito.
41. Questo lago è 50 metri profondo.
42. Faccio l'insegnante, ma da due anni lavoro come tassista.
43. Riccardo Muti ha studiato il piano a Napoli.
44. I resultati parlano per sé.
45. I tempi si sono cambiati.
46. La conferenza è stata ininteressante.
47. 1961 suo padre è emigrato in Germania.
48. Com'è andato a scuola?
49. Quanta mancia gli hai lasciato?
50. Come ti chiami? – Mi chiamo Silvio. – E con cognome? – Rossi.
51. Quanti siete? – Siamo a cinque.
52. Mi dai il numero del tuo giroconto?
53. Ti piaciono i romanzi criminali?
54. Nei miei occhi questo non è una buona soluzione.
55. Il mio fisioterapeuto è molto in gamba.
56. Che cosa ti hanno regalato al tuo compleanno?
57. Sono molto contento con il mio insegnante di volo.
58. La ditta ha tutto pagato.
59. Nel mezzo della piazza c'è un monumento di Garibaldi.
60. «Nabucco» è la mia opera preferita.
61. Più ha, più vuole.
62. Questa settimana ho lavorato dieci ore di più.
63. Puoi mangiare tutto che vuoi.
64. Il tè di tiglio ti farà bene.
65. Ti porto questi fiori di Silvia.
66. Ho trovato questa parola da Dante.
67. Vai con me al cinema?
68. Oggi non ho un grande appetito.
69. Siamo arrivati prima che previsto.
70. Al momento non vogliono sposarsi.
71. Vado a prendere una bottiglia dalla cantina.
72. La minigonna è tornata alla moda.
73. Come viene che arrivi sempre in ritardo?

Lehrwerke

Wolfgang Reumuth
Otto Winkelmann
Praktische Grammatik der italienischen Sprache
Neubearbeitung
6. Auflage
gottfried egert verlag